Karlheinz A. Geißler

Zeit – verweile doch…

HERDER spektrum

Band 5959

Das Buch

Nach dem Motto: „Eigentlich bin ich ganz anders, nur komm' ich so selten dazu", leben heutzutage viele. Der Zeitdruck ist zum Normalfall geworden – und die Sehnsucht nach Zeitwohlstand zum herrschenden Alltagsgefühl. Da die Gesellschaft, und speziell das Wirtschaftssystem, auf Beschleunigung setzt und setzten muss, verschärft sich dieser Zustand immer weiter. Verloren geht dabei der Blick auf Bereiche schöpferischer Langsamkeit. Zeitformen, die fruchtbar waren und fruchtbar sind, wie das Warten, die Pausen und das Innehalten, das Trödeln und das Abschalten, geraten in die Defensive und verschwinden ganz. Karlheinz A. Geißler entwirft in seinem Buch Gegenbilder zum herrschenden Zeitnotstand und plädiert für eine neue, menschliche Zeitkultur. Menschliche Zeit, so seine Einsicht, für die er viele Zeugen findet, ist nicht Geld – sondern ein Geschenk. In Eichendorff, Jean Paul, Nietzsche und anderen findet er Gewährspersonen für ein menschlicheres Zeitverständnis. Ihre gemeinsame Einsicht: Erst Muße schafft Kreativität, und nur Langsamkeit ermöglicht Gemeinschaft, Liebe und Vertrauen. „Das Buch für ein menschlicheres Zeitverständnis" (SZ). Ein lustvolles Plädoyer für Lebensformen, die der alltäglichen Hast entgegengesetzt sind. Zeit leben – als Lebenskunst einsichtig gemacht. Ein mit Genuss zu goutierendes Buch über Zeit – zum Verschenken und Selberlesen. Mit eindrucksvollen Schwarzweißbildern von Karl Weibl.

Der Autor

Karlheinz A. Geißler, geb. 1944, lehrte zuletzt in München als Universitätsprofessor Wirtschaftspädagogik. Zahlreiche Publikationen. Bei Herder spektrum: Vom Tempo der Welt (Bd. 5407), Wart' mal schnell (Bd. 5969), Alles. Gleichzeitig. Und zwar sofort (Bd. 5842).

Karlheinz A. Geißler

Zeit – Verweile doch

Lebensformen gegen die Hast

Mit einem Bilderzyklus von Karl Waibl

HERDER

FREIBURG · BASEL · WIEN

Neuausgabe

© Verlag Herder GmbH, Freiburg im Breisgau 2000, 2008
Alle Rechte vorbehalten
www.herder.de

Umschlaggestaltung und -konzeption:
R·M·E München / Roland Eschlbeck, Liana Tuchel
Umschlagmotiv: C. Steimer / Arco Images GmbH
Autorenfoto: Martin Hartmann

Satz: Satz- und Reprotechnik GmbH, Hemsbach
Herstellung: fgb · freiburger graphische betriebe
www.fgb.de

Gedruckt auf umweltfreundlichem, chlorfrei gebleichtem Papier
Printed in Germany

ISBN 978-3-451-05959-2

»Dies ist, so glaube ich, die Fundamentalregel alles Seins:
das Leben ist gar nicht so, es ist ganz anders.«
Kurt Tucholsky

Inhalt

Von Zeit zu Zeit
»Eigentlich bin ich ganz anders,
nur komm' ich so selten dazu«
Seite 13

Zeit leben
»Zeit ist's, daß es Zeit wird«
Seite 23

Time is honey
»Der Traum vom Ende der Zeitnot«
Seite 39

Zeitmanagement
»Heißa, Kathreinerle …«
Seite 59

Der Rhythmus
»Vom pulsierenden Leben«
Seite 77

Anfang und Ende
»Alles ist jetzt ultra …«
Seite 97

Endzeit
»Wohlan denn, Herz, nimm Abschied und gesunde«
Seite 111

Zeiten der Liebe
»Die Liebe – ein Kind der Nutzlosigkeit«
Seite 123

Versuch über die Dauer
»Es muß in diesem Leben mehr als Eile geben«
Seite 129

Schwellenzeiten
»Es ist gleich wieder vorbei, nur ein Übergang«
Seite 141

Langsamkeit
»Jetzt mal langsam, es eilt nämlich«
Seite 151

Warten
»Wart' mal schnell!«
Seite 163

Pausen-Los
»Der Zwischenraum, hindurchzuschaun«
Seite 171

Die Schulpause
»Laßt frische Luft ins Klassenzimmer!«
Seite 185

Ferien
»Die Verheißung einer anderen Wirklichkeit«
Seite 195

Wein und Zeit
»Der Zeit-Geist aus der Flasche«
Seite 205

Wecker
»Bruder Jakob, schläfst du noch –
hörst du nicht die Glocken …«
Seite 217

Der gute blaue Montag
Eine kleine Geschichte der Arbeitsverweigerungskultur
Seite 225

Postmoderne Zeiten
»Mc-times«
Seite 243

Zeit zum Gehen
»Eine abschiedliche Trödelei«
Seite 247

Literatur
Seite 260

Rechtsnachweis
Seite 265

nun
sind die letzten
weg

nur
wir

nun
ist der letzte
weg

nur
ich

Ernst Jandl

Von Zeit zu Zeit

»Eigentlich bin ich ganz anders,
nur komm' ich so selten dazu«

>Alle Uhren gehen sehr.«
Jean Paul

»Hören Sie endlich auf, mich mit Ihrer verdammten Zeit verrückt zu machen! Es ist unerhört! Wann! Wann!«, schreit Pozzo wütend in Becketts »Warten auf Godot«. Aber dies geht uns inzwischen allen so.

Die Zeit geht uns auf den Wecker. Alle beklagen sich über die Hetze, und alle produzieren sie. »Ach, du liebe Zeit«: Es ist immer mehr, was wir in der gleichen Zeit erreichen und es ist auch immer mehr, so erleben wir es, was wir in der gleichen Zeit *nicht* erreichen. Vor lauter Eile kommen wir täglich zu spät. Haben wir durch die Eile Zeit gewonnen, oder haben wir sie verloren? Sollen wir die Zeit suchen, oder soll die Zeit besser uns suchen? Glauben wir, die Zeit im Griff zu haben, so spüren wir doch sogleich, daß es die Zeit ist, die uns im Griff hat. Und die Folge: Ohne Anfang, ohne Ende reden wir über »Zeit«. Neben diesem Buch gibt es noch andere Belege:

1. Szene: Jonas kommt von der Schule nach Hause und erzählt beim Mittagessen: »Der Tom hat einen Verweis bekommen. Er hat aus Versehen einen Tennisball gegen die Uhr geworfen.« »Ja und«, frage ich, »ist etwas passiert?« »Ja«, sagt Jonas, »seitdem geht die Uhr rückwärts.«

2. Szene: Ich stehe an der Kinokasse in der Schlange, um mir eine Eintrittskarte für den Film von Ettore Scola »Què ora é« (zu deutsch: Wieviel Uhr ist es?) zu besorgen. Die Person vor mir sagt zur Kartenverkäuferin: »Zweimal bitte, wieviel Uhr ist es?«

3. Szene: Gegen Mitternacht frage ich während meines Sommerurlaubs im Westen Irlands einen Schankkellner: »Wann schließt denn der Pub?« Die Antwort: »Im November«.

4. Szene: Ich kaufte mir kürzlich eine Telefonkarte – ein Produkt der Beschleunigungsgesellschaft. Darauf steht zu meiner Überraschung der wohl als Ermahnung gedachte Satz »Bremsen tut gut«.

5. Szene: Jemand fragt mich: »Können Sie mir sagen, warum wir in den Himmel eingehen, aber in die Hölle einfahren?« (Ich weiß es nicht, habe aber eine starke Hypothese.)

Es ist der besondere Charakter des ausgehenden 20. Jahrhunderts, daß die Fragen der Zeit immer dringlicher und immer drängender werden. »Sein und Zeit« ist zum Alltagsthema geworden. Wir reden (und schreiben!) soviel über Zeit wie niemals zuvor, und doch verstärkt sich der Eindruck: »Eigentlich bin ich ganz anders, nur komm' ich so selten dazu.« (Horváth) Das führt zur allerorts hörbaren Klage: »Alles hat seine Zeit – nur ich hab keine«.

Verständlich, denn das Reden über die Zeit braucht Zeit. Es erlöst uns eben nicht vom Zeitdruck. Es ist nicht der erhoffte Weg, mit dem wir durch den Hintereingang ins zeitlose Paradies zurückkehren können. Nein, auch das Schreiben über »Zeit« ist kein Mittel, sich diese Zeitnot vom Leib zu halten.

Aber welche Mittel man auch immer nutzt, alles Denken, alles Schreiben, alles Reden über »Zeit« ist Heimweh nach jener Zeit, in der man sich nicht mit der Zeit beschäftigen mußte. Es ist die Sehnsucht nach dem Ursprung und der Wunsch, zu ihm zurückkehren zu können. Wenn wir die Zeit erforschen, wollen wir uns selbst erforschen, um uns endlich einmal selbst zu begegnen. Denn »an vielen ist das Leben schon vorübergegangen, während sie noch die Ausrüstung für das Leben zusammensuchten«. (Seneca)

Was ist »Zeit«? Die Philosophie hat sich seit ihrer Existenz mit dieser Frage beschäftigt, und sie tut es heute – mehr denn je. Die »Zeit« ist – und sie bleibt wohl auch – ein höchst verwickeltes Rätsel. Im »Zauberberg« stellt sich Thomas Mann die Frage: »Was ist die Zeit?« Seine Antwort: »Ein Geheimnis – wesenlos und allmächtig.«

Die »Zeit« läßt sich nicht auf etwas anderes zurückführen, es gibt nichts »hinter« ihr, es gibt nur etwas »dazwischen«. Und so werden wir, nachdem Augustinus bereits 1400 Jahre zuvor zu dem gleichen Ergebnis kam, mit der Auskunft Adalbert Stifters zufrieden sein müssen: »Kein Sterblicher hat noch ausgesagt, was die Zeit ist, und kein Sterblicher weiß, was die Zeit ist.«

Verzichten wir also bei der Frage nach dem, was die »Zeit« ist, auf eine Antwort. Manche Probleme soll man – so Wittgenstein – nicht lösen, man sollte viel eher von ihnen geheilt werden. Versuchen wir statt dessen herauszufinden, was wir mit dem, was wir »Zeit« nennen, machen:

Mit »Zeit« füllen wir die Leere, vor der uns graut. Wir konstruieren Gewißheiten und Ordnungen im Hinblick auf das Vergängliche. Es ist nicht die »Zeit«, die wir messen, nein, wir messen Veränderungen, Dynamiken, Prozesse und nennen dies »Zeit«. Die Uhr mißt demnach nicht die »Zeit«, vielmehr ist es der Lauf der Zeiger, den wir als »Zeit« bezeichnen und mit besonderen Maßstäben etikettieren (Stunde, Minute, Sekunde).

Unser Zeitbewußtsein entwickelt sich in enger Verbindung mit Entwicklungsprozessen in der Umwelt. Dort, wo sich nichts verändert, herrscht die Zeitlosigkeit. Wir sprechen im Alltag davon, daß »die Zeit stehengeblieben ist«. »Zeit« ist kein Gegenstand, sie ist ein Orientierungsmittel, um Sicherheit in der sich wandelnden Welt zu gewinnen und zu schaffen. Wir kategorisieren damit menschliche Erfahrung. Alle jene, die mit »Zeit« und durch »Zeit« Ordnung schaffen (z.B. indem sie Zeiteinteilungen verbindlich festlegen), erzeugen zeitliche Gegebenheiten mit teilweise dramatischen Auswirkungen auf die Individuen, die Gemeinschaften und die Gesellschaft. Daher ist die »Zeit« ein von Menschen geschaffenes Netz, in dem man Spinne und Fliege zugleich ist. Indem wir die »Zeit« kontrollieren, kontrollieren wir uns selbst. Wir erzeugen, so gesehen, jene »Zeit«, die auf uns wirkt. Wir produzieren einen zeitlichen Zivilisationszwang. In den Memoiren Casanovas – die auch aus anderen Gründen als Lektüre zu empfehlen sind – findet man ein gutes Beispiel dafür. Eine entfernte Cousine schüttet Casanova ihr Herz über die Verwirrungen aus, die in Parma entstanden, als dort Mitte des 18. Jahrhunderts die französische Stundenzählung eingeführt wurde: »Wir sind unglaublich durcheinandergeraten. Seit drei Monaten gibt es in Parma niemanden mehr, der wüßte, wie spät es ist. Seit Gott die Welt erschaffen hat, ist die Sonne immer eine halbe Stunde nach der 23ten untergegangen, und um die 24te betete man immer das Angelus; jeder ehrbare Mensch wußte, daß man zu dieser Zeit die Kerze anzündet. Jetzt kennt man sich nicht mehr aus. Die Sonne ist verrückt geworden; jeden Tag geht sie zu einer anderen Zeit unter. Unsere Bauern wissen nicht mehr, wann sie zum Markt kommen sollen. Man nennt das eine Regelung, aber wissen Sie wozu? Weil jetzt jedermann weiß, daß man um 12 Uhr zu Mittag ißt. Schöne Regelung! Zur Zeit der Farnese aß man, wenn man Hunger hatte, und das war viel gescheiter.«

Es ist keine objektiv festgefügte, unveränderliche zeitliche Weltstruktur, die wir vorfinden und in die wir uns einzufügen haben. Wir sind selbst zur temporalen Strukturbildung fähig und nutzen diese Fähigkeit auch. Deshalb gibt es nicht nur eine »Zeit«. Es gibt viele »Zeiten«. Denn alles will seine »Zeit« haben.

＊

Es sind nicht alle Zeiten gleich. Wir kennen die Schnelligkeit, die Langsamkeit, die Aktivität, das Ruhen, die Veränderung, die Stabilität. Die Dinge, die Prozesse, die Systeme haben ihre je eigenen Zeiten. Eine Barocktreppe hat – oder besser: provoziert – eine andere Zeit als eine Rolltreppe. Wir reden, wenn wir schnell gehen, miteinander anders und über etwas anderes, als wenn wir schlendern. Jede Straße, jeder Stadtbezirk, jede Gesellschaft hat ihre eigene zeitliche Bewegungsanweisung – und wir reagieren darauf. Die Gerade z.B. beschleunigt, die krummen Wege verlangsamen den Schritt. Das Rationale führt in den meisten Fällen zu Beschleunigung, zu Zeitkontrolle und Zeitverdichtung. Das Phantastische, das Irrationale, das Gefühlvolle, das Soziale hingegen tendiert zu Verzögerungen, zu Abschweifungen, zu Umwegen. Wir brauchen beides: Schnelligkeit und Langsamkeit. Ein schönes Beispiel dafür liefert uns Charles Dickens. Er gibt seinen Pickwickiern präzise Verhaltensregeln zum Einfangen verlorengegangener Kopfbedeckungen: »Es gehört keine geringe Kaltblütigkeit und ein besonderer Grad von Beurteilungskraft dazu, einen fortrollenden Hut wiedereinzufangen. Man darf nicht zu sehr eilen, sonst stürmt man über ihn hinaus; man darf nicht zu langsam sein, sonst verliert man ihn. Die beste Art, ihn einzufangen, ist, möglichst in gleicher Linie mit dem verfolgten Gegenstand zu bleiben, behutsam und vorsichtig zu sein, die Gelegenheit hübsch abzuwarten, ihm allmählich vorzukommen, dann plötzlich die Hand auszustrecken, ihn bei der Krempe zu ergreifen und fest auf den Kopf zu drücken. Dabei empfiehlt es sich, fortwährend zu lächeln, als hielte man alles für einen ebenso guten Spaß wie jeder andere.«

Die Moral von der Geschichte: Behütet ist man im Leben nur dann, wenn man sowohl langsam als auch schnell sein kann. Die Schnelligkeit braucht Langsamkeit, wenn sie sinnvoll und erfolgreich sein soll – und ebenso braucht produktive Langsamkeit auch die Möglichkeit zur Schnelligkeit. Die eine zeitliche Lebensform muß in der anderen in fruchtbarem

Sinne aufgehoben sein. Das anzustrebende Ideal ist – mit einem Wort von Karl Rahner – die »versöhnte Verschiedenheit« unterschiedlicher Zeitformen. Nur so können auch wir versöhnt leben. Wir brauchen Beschleunigung und Stillstand, wir brauchen Kurzfristigkeit und Langfristigkeit, wir brauchen Mobilität und Seßhaftigkeit.

Heute jedoch ist die Schnelligkeit, die Zunahme an Beschleunigung, zum Medium und zum Symbol des Fortschritts und der Freiheit geworden – und gleichzeitig nimmt das Unbehagen daran zu. So richtig wohl fühlen wir uns bei dieser Dringlichkeitsdynamik nicht. Das, was fehlt, ist jedoch – obgleich immer wieder versucht – mit weiterer Beschleunigung nicht zu erlangen. Das Identitätsmuster des 20. Jahrhunderts: »Ich eile, also bin ich« verliert an Überzeugungskraft. Das wachsende Geschubse in einer hochmobilen und innovationshektischen Gesellschaft geht so manchem und so mancher auf die Nerven. Wir sitzen immer öfter im Beschleunigungsstau fest. Viele jener, die dem eiligen Fortschritt huldigen, indem sie sich in Fahrtrichtung in den Zug der Zeit setzen, merken, daß ihnen bei der geringsten Öffnung des Fensters der Wind ins Gesicht bläst. Diejenigen aber, die bei offenem Fenster nach vorne wollen, müssen sich mit dem Rücken gegen die Richtung des fahrenden Fortschrittszuges setzen.

Für Zeitgenossen und Zeitgenossinnen, also Menschen, die die Zeit genießen und die die Fenster gerne öffnen, sind diese Zeit-Bemerkungen geschrieben. Weil aber die Tendenz zur Beschleunigung in der Offensive ist und das Langsame, das Dauerhafte unterzugehen droht, soll hier ein Gegenakzent gesetzt werden. Nicht mit dem Ziel, die unterschiedlichen Zeitformen gegeneinander auszuspielen, sondern sie in ihrer Vielfältigkeit zu erhalten, zu rekultivieren und versöhnt zu leben. Das ist jedoch nicht zu verwechseln mit der Idealisierung vergangener Zustände. Es ist nicht die Aufforderung, mit großer Umkehrgeste das Hinter-uns-Liegende aufzusuchen. Nein, »vom Gekochten führt kein Weg zurück zum Rohen«. (Lévi-Strauss)

Die Erinnerung an die abgelegten Zeitformen wird nur dann wirklich fruchtbar, wenn sie zugleich das anmahnt, was noch zu tun ist. Und dies ist die Entwicklung einer lebendigen Zeitkultur, die uns davon befreit, daß wir unser Leben immer wieder auf später verschieben müssen und schließlich sterben, bevor wir gelebt haben. Aber auch das bringt uns nur auf den Weg, nicht zum Ziel. Dieses liegt nämlich dort, wo wir nicht mehr nach der Zeit fragen – dann erst haben wir Zeit.

»Ich weiß nicht, was die Zeit ist. Ich weiß nicht, welches ihr wahres Maß ist, falls sie überhaupt eines hat. Ich weiß, daß die Uhrzeit falsch ist: Sie unterteilt die Zeit räumlich, von außen. Die gefühlte Zeit, weiß ich, ist ebenfalls falsch: Sie unterteilt nicht die Zeit, sondern unsere Empfindung von der Zeit. Die Zeit der Träume ist gleichfalls falsch; in ihnen streifen wir das eine Mal eine verlängerte, das andere Mal eine verkürze Zeit und, was wir erleben, ist übereilig oder langsam infolge irgendeines Vorgangs beim Verfließen der Zeit, dessen Natur ich nicht kenne.

Zuweilen meine ich, alles sei falsch, und die Zeit sei nur ein Rahmen, um das einzufassen, was ihr fremd ist. In der Erinnerung an mein vergangenes Leben sind die Zeiten auf sinnlosen Ebenen angeordnet, und ich bin bei einer bestimmten Begebenheit meiner feierlichen fünfzehn Lebensjahre jünger als bei einem anderen Vorkommnis meiner unter Spielzeugen sitzenden Kindheit.

Das Bewußtsein verwirrt sich mir, wenn ich an diese Dinge denke. Ich ahne einen Irrtum in alledem; ich weiß jedoch nicht, auf welcher Seite er steckt. Es ist, als wohnte ich einer Art Zauberkunststück bei, bei dem ich mich, weil es ein solches ist, betrogen fühle, aber dennoch nicht herausbringen kann, worin Technik oder Mechanik des Betruges bestanden haben.« (Fernando Pessoa)

Zeit leben

»Zeit ist's, daß es Zeit wird«

>»Endlich weiß man, was Zeit ist:
Solange man auch trödelt, es wird nicht früher.«
G. Eich, Maulwürfe

Zeit leben! Ja, aber wie? Was tun, damit die Zeit nicht gegen, sondern für uns da ist? Nun, man kann mit lauter Stimme eine Zeit-Revolution fordern. So schön und so attraktiv eine große Alternative zur Beschleunigungsgesellschaft auch aussehen mag, so ähnelt diese Strategie doch allzusehr jenen Menschen, die, wenn sie sich verirrt haben, durch die Erhöhung ihrer Schrittgeschwindigkeit der furchtsamen sie ängstigenden Situation zu entfliehen versuchen. Der revolutionäre Fortschritt endet häufig damit, daß nachher die gleichen Fehler wie vor dem Umsturz gemacht werden, nur hektischer und radikaler. Allzuoft fliehen wir vor der Beschleunigung mit den Mitteln der Beschleunigung und versinken tiefer in jenem Sumpf, aus dem wir uns am eigenen Schopf herauszuziehen bemühen. Und trotzdem, wir brauchen die Sehnsüchte, die Hoffnungen, die Erwartungen, die das »ganz andere« in den Blick kommen lassen. Wir brauchen diese letztlich nicht, um sie zu realisieren, sondern um das, was wir täglich verwirklichen und tun, durch ihre Energie zu befruchten. Sie sind wichtig, damit wir nicht nur das Unwichtige und das Unsinnige durch unsere selbstproduzierte Ordnung der »Zeit« wichtig machen und wichtig nehmen.

Schauen wir uns daher lieber solche alternativen Möglichkeiten des Zeit-Lebens an, die man mit etwas Bescheidenheit »Veränderungen unter den gegebenen Umständen« nennen kann. Beschränken wir uns auf die der Normalität abgerungenen Reservate. Aber auch sie kommen nicht ohne den utopischen Schwung aus.

Der Zeitmangel, die zunehmende Hetze des modernen Lebens (die wir seit etwa 100 Jahren beklagen), sie sind ja Zeiterfahrungen, die sich die Menschheit selbst verordnet hat. Das sollten wir nicht vergessen!

Daher müssen wir nicht die Zeit verändern, wir müssen unser Verhalten in der Zeit verändern. Das aber heißt, daß wir unser Verhältnis zur Zeit und das zu dem zeitlichen Geschehen in uns und um uns herum anders gestalten. Es geht nicht um eine optimale Nutzung der Zeit, die uns die gegen alle Inhalte gleichgültige Uhr anzeigt, sondern um die Entwicklung der Fähigkeit, Eigenzeiten wahrzunehmen. Eigenzeiten sind jene Zeiten, die durch individuelle Rhythmen und Bedürfnisse bestimmt sind. So etwa, wie sie der Chronist des bayerisch-schwäbischen Klosters Irsee, der über eine sensible Beobachtungsgabe verfügt haben muß, beschrieb. Er stellte fest, daß die Benediktiner »langsamen und schlurfenden Schrittes« zum Gebet in die Kirche gingen, sich danach jedoch mit erheblich beschleunigterem Gang von der Kirche in den Speisesaal begaben.

Es geht bei den Eigenzeiten um einen zeitbezogenen pfleglichen Umgang mit innerer und äußerer Natur. Das bedeutet, daß wir aufhören sollten, uns über das Mittel der Zeitersparnis selbst zum Gegner zu machen. Zeit muß man in den Blick, nicht in den Griff bekommen. Eigenzeiten leben heißt nichts anderes, als sich selbst leben. Das ist zweifelsohne anstrengend – aber besser als alles andere. Ansonsten reproduzieren wir jene komisch-tragische Lebensform, in der wir unsere Jugend opfern, um zu Wohlstand zu gelangen, und anschließend unseren Wohlstand aufbrauchen, um jung zu bleiben. Was also wäre zu tun, damit uns dies erspart bleibt?

*

Wir könnten beispielsweise die Produktivität der Langsamkeit erkennen und fördern. Nur Langsamkeit ermöglicht Gemeinschaft, Liebe und Vertrauen. Wir brauchen nämlich Bereiche träger Produktivität, wenn wir nicht zum Objekt unseres selbstgeschaffenen Geschwindigkeitsrausches werden wollen.

Die Langsamkeit, die Trägheit ist eine wichtige und positive historische Kraft. Im langsamen, geduldigen Verstehen und Handeln wird Realität auch im Horizont von unentwikkelten Möglichkeiten begriffen. Unterlassen, liegenlassen, reifen lassen, wird so Teil des Handelns. Hierdurch erst ist wirkliche Entwicklung möglich, nicht nur Zerstreuung und Ablenkung.

Welche Zerstörungspotenz gerade das deutsche Tempo hat, signalisiert der Begriff des »Blitzkrieges« (ein Wort, das in andere Sprachen unübersetzt übernommen wurde). Krieg ist schnell und zerstörerisch. Frieden ist langsam. Friedfertigkeit, Friedlichkeit braucht Langsamkeit, sonst kann sie sich nicht entwickeln. »Müßiggang ist aller Liebe Anfang«, meint Christa Wolf. Vergessen wir nicht, daß die menschliche Kultur auf Arbeit und Liebe aufbaut. Die Liebe ist nur in und durch Langsamkeit möglich. Beschleunigung vermindert die Liebe in dieser Welt. Und letztlich auch die Liebe zur Arbeit.

Friedrich Georg Jünger behauptet: »Nichtstun vermehrt den Frieden der Welt«, und Pascal erklärt: »Wenn ich es mitunter unternommen habe, die mannigfaltige Unruhe der Menschen zu betrachten, sowohl die Gefahren wie die Mühsale, denen sie sich, sei es bei Hofe oder im Krieg, aussetzen, woraus so vielerlei Streit, Leidenschaften, kühne und oft böse Handlungen usw. entspringen, so habe ich oft gesagt, daß alles Unglück der Menschen einem entstammt, nämlich, daß sie unfähig sind, in Ruhe allein in ihrem Zimmer bleiben zu können.« Den Fernseher, das Telefon und sonstige Ablenkungen kannte Pascal noch nicht, und er wäre heutzutage sicher auch ohne sie ausgekommen.

Die Langsamen haben die Freundschaft erfunden, die

Schnellen brauchen keine Freunde, sie benötigen Verkehrsmittel.

Wie weit neue Erfahrungen und Entdeckungen auf Bedächtigkeit und Geduld angewiesen sind, beschreibt Nadolny in seinem Roman »Die Entdeckung der Langsamkeit«. Dort schildert er die Geschichte des englischen Seefahrers und Polarforschers John Franklin (1786-1847) und dessen erfolgreichen Kampf um die Anerkennung von (langsamer) Eigenzeit. Langsamkeit ist hier Respekt vor den Eigengesetzlichkeiten des Menschen, Anerkennung von Subjektivität. Gegen die Ungeduld des Alltags stellt Franklin seine Utopie: »Kampf gegen unnötige Beschleunigung, sanfte, allmähliche Entdeckung der Welt und der Menschen.« Er sah Maschinen und Einrichtungen vor sich, »die nicht der Ausnutzung, sondern dem Schutz der individuellen Zeit dienten, Reservate für Sorgfalt, Zärtlichkeit, Nachdenken.« Einige Seiten vorher im Roman wird Franklin ganz konkret. Er macht einen Organisationsvorschlag, der die Balance von Beschleunigung und Langsamkeit fördert – und der, wenn er realisiert würde, auch die Reduzierung der Arbeitslosenquote in Aussicht stellt:

»An der Spitze müssen zwei Menschen stehen, nicht einer und nicht drei. Zwei. Einer von ihnen muß die Geschäfte führen und mit der Ungeduld der Fragen, Bitten und Drohungen der Regierten Schritt halten. Er muß den Eindruck von Tatkraft machen und doch nur das Billige, Unwichtige und Eilige erledigen. Der andere hat Ruhe und Abstand, er kann an den entscheidenden Stellen nein sagen. Denn er kümmert sich nicht um das Eilige, sondern schaut einzelnes lange an, er erkennt Dauer und Geschwindigkeit allen Geschehens und setzt sich keine Fristen, sondern macht es sich schwer. Er hört auf die innere Stimme und kann auch den besten Freunden nein sagen, (...) sein eigener Rhythmus, sein gut behüteter langer Atem sind die Zuflucht vor allen scheinbaren Dringlichkeiten, vor angeblichen Notwendigkeiten ohne Ausweg, vor kurzlebigen Lösungen.«

Es ist die Langsamkeit, die den Blick für die Nähe und das Nahe, fürs Detail und fürs Besondere ermöglicht. Wer Kinder hat und mit diesen etwas anzufangen weiß, der (die) kennt das, der (die) kann noch etwas durch Langsamkeit erleben. »Nimm Dir Zeit und nicht das Leben«, hat die Verkehrswacht in einem hellen Augenblick zum allseits plakatierten Motto erhoben. Unsere Betriebsschutzbeauftragten haben diese Erkenntnis auf Merkblättern mit dem Titel »Zur Vermeidung von Wegeunfällen« in die überzeugende Formulierung umgesetzt: »Zeitdruck und Sicherheit vertragen sich nicht.«

Nur durch Langsamkeit entwickelt sich Gemeinschaft, Liebe und Vertrauen. Hektische Menschen sind dazu nicht fähig – ebensowenig übrigens wie total flexible. Einer der Urväter der Soziologie, Emil Durkheim, hat bereits vor 100 Jahren darauf aufmerksam gemacht, daß man mit ausschließlich flexiblen Menschen keine Gesellschaft aufbauen oder erhalten kann. Und auch keinen demokratischen Staat; denn Demokratie, Mitbestimmung, Mitbeteiligung, die Grundlagen des Politischen, brauchen Zeit. Das Abdrängen der Langsamen – ob in Altersheime oder Sonderschulen – ist der Tod der Gemeinschaft. Beschleunigung ist die soziale Entleerung der Zeit.

Dort, wo nur die Schnelligkeit als wertvoll angesehen wird, werden die Langsamen diskriminiert. So aber wird das Tempo nicht nur zu einer Produktivkraft, sondern gleichzeitig auch zu einer sozial-destruktiven Gewalt. Sorgfalt, Zärtlichkeit, Nachdenken, Überlegen, all das und vieles mehr, geht durch die zunehmende Beschleunigung unserer Gesellschaft verloren. »Wären wir ruhiger, langsamer, so ginge es uns besser, ginge es schneller mit unseren Angelegenheiten voran«, notierte Robert Walser, ein produktiver Langsamer. Es ist die

Geduld, die heute die notwendigste, die auffälligste und die widerständigste Form des Mutes ist. Entwickeln wir diesen Mut. Hingegen ist die Angst, die Zeit zu verlieren, eine der sichersten Methoden, ihrer tatsächlich verlustig zu gehen.

Wir könnten beispielsweise im »Warten« etwas anderes als nur »verlorene Zeit« sehen. Wir könnten diese Zeitform als Möglichkeit verstehen, etwas Neues, Unerwartetes an uns herankommen zu lassen. Das Warten kann wie der Umweg produktiv werden. Man will nach Indien und entdeckt dabei Amerika – so etwas passiert auch hinterm Haus, im Garten, im nahen Wald und auch mitten in der Stadt. Wer nicht vom Weg abkommt, bleibt auf der Strecke. Können wir warten, dann gelingt es uns, die Falten der Zeit zu leben und zu genießen. Es sind jene Falten, die wir allzugerne glattbügeln.

»Warten«, das ist ein Begriff, der heute nur mehr dann positiv besetzt ist, wenn es um die Pflege unserer Autos geht. Wer sich eine Vorstellung davon machen will, wie unsere Gesellschaft das Warten bewertet, der gehe nur in die Wartesäle unserer Bahnhöfe. Sich beim Warten wohlfühlen – das darf nicht sein. Ebensowenig darf in den Raststätten (welch schöner Begriff für eine heruntergekommene Wartekultur) unserer Fernstraßen ein Gedanke darüber aufkommen, welche Produktivität das Warten haben könnte. Der Aufenthalt in unseren Wartesälen (wenn sie nicht bereits abgeschafft sind) ist die Strafe für das Verpassen jenes Zuges, den man den »Zug der Zeit« nennt.

Wer seine Kindheitserfahrungen nicht radikal verdrängt hat, der/die weiß, wie produktiv, wie spannend, wie wichtig das Warten ist. Zumindest aus dem Märchen vom Hasen und dem Igel könnte man dies folgern. Dieses lehrt uns zum einen, daß sich derjenige, der der schnellste sein will, am Ende die Lunge aus dem Leib rennt und durch die Hetze umkommt. Diese Geschichte transportiert aber noch die viel wichtigere Botschaft, daß jener, der rennt, alleine ist und daß man dann, wenn man zu zweit, also in Gemeinschaft ist, durch Warten viel weiter kommt. Man ist dem rasenden, isolierten Individuum überlegen. Nur wer warten kann, kann auch etwas erwarten.

Wir könnten das Nichtstun, die Pausen, achten und lieben lernen, denn dort, wo das Nichtstun verachtet und verhindert wird, wird das Tun zu zerstörerischer Gewalt. Dazu brauchen wir stille Orte – und manchmal auch stille Örtchen. Pausen sind mehr als nur eine zu nutzende Werbechance. Unser Ziel sollte es sein, einen Pausenwohlstand anzustreben. Dies geht aber nur, wenn wir nicht nur die Arbeit neu verteilen, sondern auch die Arbeitslosigkeit. Laßt die Über-Stunden, denn das sind doch jene Stunden, die zu weit gehen. Wer nichts tut, schafft Arbeitsplätze!

Zeitwohlstand ist immer auch Pausenwohlstand, und diesen haben wir dann, wenn wir verfügbare Zeit haben, über die wir *nicht* verfügen. Wirklich freie Zeit ist nutzlos, sinnlos ist sie nicht. Sie ist die Zeit des »Unnützen«, jene Zeit, in der man nicht aufs Nützliche schaut, die nicht mit »nützlicher« Beschäftigung ausgefüllt wird und gerade deshalb nützlich ist. Unentbehrlich sind eigentlich nur die unnützen Dinge. Leben wir sie. Dazu gehört viel lange Weile und ein langer Atem, denn nur dann wird es uns nicht langweilig, und nur dann werden wir nicht atemlos.

Lassen Sie mich noch konkreter werden und einige weitere Vorschläge machen. Ich gebe zu, sie sind wagemutig und bringen mich leicht in den Verdacht, ein Idealist zu sein oder jemand, »der nicht richtig tickt« – übrigens ein Kompliment für einen Zeitforscher, der sich jenen Zeiten widmet, die sich abseits der Uhr bewegen.

Wir wär's beispielsweise mit der Proklamation eines Menschenrechtes aufs persönliche Tempo, so wie es Italo Svevo gefordert hat: »Alle Menschen auf der Welt müßten das Recht haben, täglich ein paar Stunden in einem bequemen Lehnstuhl (...) zu verbringen und eine Flasche guten Schnaps, natürlich nur solchen, der nicht schadet, zu trinken.«

Wie wär's mit der Einführung eines Zukunftsministeriums, in dem Zeitinseln entwickelt, gepflegt und behütet und in dem alle Beschleunigungsgesetze verhindert werden? Die Beamten dort sähen ihre Aufgabe darin, alle Verordnungen und Gesetzesvorhaben auf ihre beabsichtigten und nicht beabsichtigten Beschleunigungswirkungen hin zu überprüfen und gegebenenfalls Einspruch anzumelden. Der Minister würde mit Vetorecht ausgestattet, wenn die zeitökologischen Balancen gefährdet oder verletzt würden. Ein solches Ministerium müßte als Maxime auf seinen Briefköpfen vermerken: »Nicht alles, was danach kommt, ist besser als das, was zuvor war.« Als Alternative böte sich die Formulierung des Aristoteles an: »Denn es bedarf der Muße wer politisch handeln will.«

Solcherart verantwortungsvolle Ministeriale könnten des weiteren dafür sorgen, daß jedem das Recht auf einen Mittagsschlaf zusteht und daß man die Bedingungen vorfindet, dieses Recht auch verwirklichen zu können. Sie würden sich für den Erhalt von kalendarischen »Zeitlöchern« stark machen, wie es z.B. die Feiertage sind, die Plauderstündchen bei Tee und Kuchen am Sonntagnachmittag und die temporeduzierte Phase zwischen Weihnachten und Neujahr. Sie engagierten sich auch für die Einführung einer Pflicht zu zeitökologischen Ausgleichsmaßnahmen bei beschleunigungsförderlichen Entscheidungen, wie wir sie bereits bei Schäden an der äußeren Natur (z.B. bei Straßenbaumaßnahmen) haben. Solche benötigen wir auch für Schäden an der inneren Natur, wenn beispielsweise die Rhythmen des Lebendigen bedroht sind.

Konkret hieße dies: Kompensationsverpflichtung (z.B. die Finanzierung von Ruhezonen) bei der Erteilung von Betriebsgenehmigungen für Fast-food – Restaurants. Oder Anpassung der Maschinenlaufzeiten an die Rhythmen menschlicher Natur; das bedeutete etwa: langsamer laufende Maschinen während der Nachtarbeit. Dies wiederum setzt voraus, daß unsere üblichen Effizienzkriterien überprüft und gegebenenfalls revidiert werden: Nicht das, was schnell ist, ist immer effizient, sondern auch das, was die Menschen und die Natur schont, das, was entlastet und den sozialen Zusammenhang fördert. Bei diesen Vorgaben würde es dann nicht mehr nur als Störung erlebt, wenn der Mensch krank wird, wenn er altert, wenn er müde oder abgelenkt ist. Und es störte auch nicht mehr, wenn er träumt oder wegen akuter Verliebtheit vorübergehend einen etwas ungewöhnlichen Lebensrhythmus hat.

Ein solches – ich gestehe es ein – sehr seltsames Zukunftsministerium würde den Protest und den Widerstand gegen die immer kürzer werdenden Taktzeiten bei Telefongesprächen unterstützen. Eine gute und überzeugende Begründung dafür könnten sich die Ministerialen bei dem italienischen Schriftsteller Georgio Manganelli holen: Dieser hat anläßlich der Einführung des Sechs-Minuten – Telefontaktes in Mailand folgende Polemik verfaßt:

»Man kann sagen: Ein Telefongespräch von sechs Minuten ist doch immer noch ein Telefongespräch. Das will ich nicht leugnen: Ich bin aber überzeugt, daß es so ein ganz anderes Telefongespräch ist und daß sich auf Grund dieser Grenze vieles ändern wird. Sechs Minuten passen für den mittel- oder gut verdienenden Mann mittleren Alters in ziemlich leitender Stellung, mit Nacken verdeckendem Fassonschnitt und nebulösem Bewußtsein von Frau und Kind, denn er hat niemals mehr als drei, vier Minuten gebraucht. Denken wir aber nur an die Liebespaare in ihren verschiedenen Lebenslagen: in vorhochzeitlichen, illegalen oder rein abenteuerlichen Situationen; und in all ihren Tonlagen: seien sie nun ruhig, rasend, intolerant, depressiv, mißtrauisch, aggressiv, hinterlistig, komplizenhaft, sinnlich, sublimiert, verzweifelt oder glücklich. Will man sie wirklich mit sechs Telefonminuten abspeisen? Das ist doch heller Wahn, wenn nicht purer Sadismus. Kann man denn in sechs Minuten hinschmelzen, anklagen, beschwören, weinen, schluchzen, sich wieder versöhnen, eine quälende Vergangenheit erforschen, eine berauschende Zukunft ausmalen, die dann zur quälenden Vergangenheit des nächsten Anrufs wird? Man kann einwenden, daß sich so geartete Liebespaare über die Sechs-Minutengrenze hinwegsetzen und sie um zwölf, achtzehn Minuten und alle weiteren Vielfachen von sechs überschreiten werden. Gerade das befürchte ich: denn als Folge davon werden vermögende Familien mit verliebten Söhnen und Töchtern an den Bettelstab kommen; ›das Telefon war ihr Ruin‹, wird man sagen, wie es früher hieß ›das Spiel war ihr Ruin‹. Ich bringe es auch nicht über mich, die abschweifenden Plaudereien zwischen Freundinnen und Freunden zu verachten, jene rätselhaften, von Schweigepausen durchsetzten, Gespräche mit ihren tausend Andeutungen, welche unsere durch das Leben verarmten Tage bereichern. Sechs Minuten, Freunde: Glaubt denen nicht, die von ›unnützem Geschwätz‹ sprechen. Von unnützen Dingen leben wir ja; und von den nützlichen werden wir aufgebraucht, durch sie kommen wir herunter und sterben.«

Soweit Manganelli. Und überhaupt gilt: Laßt uns mißtrauisch bei der Einführung von Zeit-Takten sein. Der Rhythmus ist die menschliche Form des Umgangs mit der Zeit, nicht der Takt. Mißachtet den Takt – werdet taktlos.

Ach ja, wir haben ja bereits ein Zukunftsministerium. Aber um welche Zukunft kümmern sich die dort Tätigen eigentlich? Nur in den seltensten Fällen scheint es die unsere zu sein. Dann müssen wir das eben selbst tun. Aber wie?

Indem wir zu unseren Kindern nicht zu jeder Gelegenheit »macht schnell« sagen. Dies ist heutzutage die meistgebrauchte Formulierung von Eltern gegenüber ihren Jüngsten.

Muß das sein? »Kinder und Uhren dürfen nicht ständig aufgezogen werden. Man muß sie auch gehen lassen« – fordert Jean Paul zu Recht. Ist es sinnvoll, daß unsere Erstklässler ihre Leseerfahrung mit dem Satz beginnen: »Mimi rast mit Oma los«? Nein, es ist nicht sinnvoll. Zu bedenken ist auch der Sachverhalt, daß wir, vielen hektischen Managern gleich, nur das für wichtig halten, was sich schnell erledigen läßt. Oft ist das Schnelle, das Kurzfristige auch das Kurzsichtige.

Ergreifen wir also die unterschiedlichen Zeiten, diejenigen, die vorüberkommen, und richten wir uns in ihnen häuslich ein. Zum Beispiel die Zeiten der Märchen, der Sagen, der Fabeln und der Legenden: Märchen mögen etwas für Kinder sein, aber den Erwachsenen sei gesagt, daß es auch für sie nie zu spät für eine glückliche Kindheit ist. Kindheit, das ist nämlich jene Zeit, in der die Zeit nicht zählte, weil man die Uhr noch nicht lesen konnte. Man braucht eben Zeit, wie Picasso einmal bemerkte, um jung zu werden. Das Leben ist keine Rechnung – eher schon der Strich durch diese.

Was kann man noch tun?

Überprüfen Sie doch mal das, was ich die »kleinen Siege des Alltags« nenne: Ich meine die Befriedigung, die man erfährt, wenn man an der auf »Grün« schaltenden Ampel als erster startet, oder das Erfolgserlebnis, das man hat, wenn man kurz vor der Kasse im Kaufhaus, auf der Bank, am Skilift oder auch am Eingang eines Hotels noch jemanden überholt, der jetzt hinter einem steht. Ich meine auch das wohlige Gefühl, das sich breitmacht, es noch nach der Warnung des U-Bahn-Schaffners »Zurückbleiben, bitte« halb eingeklemmt geschafft zu haben, das in kurzen Abständen fahrende Verkehrsmittel zu erreichen. Ja, man hat es geschafft – aber ist man nicht auch geschafft?

Durch Eile, durch Hetze wird man schneller fertig – im doppelten Sinn, das darf man nicht vergessen. Die »kleinen Siege des Alltags« stellen sich häufig als Niederlagen heraus, wenn man die Folgen berücksichtigt. Genießt vielmehr die zweckfreien Zwischenräume, die Zufälligkeiten, die Trödeleien des Lebens! So, wie es M. Serres beschreibt: »Schlagen Sie sich seitwärts. Behalten Sie die wiedererkennbare Methode oder die Methoden in der Hinterhand, für den Fall, daß Krankheit, Mißgeschicke oder Ermüdung Ihnen zu schaffen machen; aber begeben Sie sich wieder auf die Wanderung. Erkunden Sie den Raum wie eine Fliege, die durch die Luft schwirrt, wie ein Hirsch, den das Gebell aufschreckt, wie ein Spaziergänger, den die an den komfortablen Plätzen umherstreifenden Wachhunde immer wieder vom gewohnten Weg abbringen. Sehen Sie sich Ihr eigenes Elektroenzephalogramm an, das in alle Richtungen ausschlägt und über das Blatt Papier streift. Irren Sie umher wie ein Gedanke, lassen Sie Ihren Blick in alle Richtungen schweifen, improvisieren Sie.«

Und nicht vergessen: Die Arbeit wird erst dadurch schön, daß sie Pausen, einen Anfang und ein Ende hat. Macht den eiligen Geist nicht zum heiligen Geist, und hetzt auch nicht wie so mancher Pfarrer von Besinnung zu Besinnung. Merkt Euch: Selbst dann, wenn der PC nicht ausgefallen ist, kann man Zeit haben, auch wenn das schnellste Haustier, die Computermaus, auf ihre »Fütterung« wartet. Nicht nur beim Überholen, auch beim Überholtwerden sollte man gut sein. Ich höre schon die Gegenrede: »Wer zu spät kommt, den bestraft das Leben«. Dies ist ja inzwischen eine beliebte Warnung, die zur Eile antreiben soll. Mag sein, daß es so ist, aber wenn man das wirklich ernst nimmt, bleiben einem immer noch zwei Möglichkeiten, das Zuspätkommen zu vermeiden: Entweder man kommt früher oder überhaupt nicht! Wirklich freie Individuen und auch eine wirklich freie Gesellschaft lassen Möglichkeiten der Beschleunigung ungenutzt, »anstatt unter irrem Zwang auf fremde Sterne einzustürmen«. (Adorno)

Es sind die temporalen Nischen, die es zu ehren gilt. Der zeitlose Aufenthalt in der Badewanne oder an jenem Ort, den wir den »stillen« nennen; die Zeitoase, in die wir gelangen, wenn der Fernseher nicht mehr funktioniert oder wenn uns, selten genug, mal das Auto kaputtgeht. An diesen Tagen muß man niemanden überholen – ist das nicht schön? Der streßfreiste Weg – und das sollte man sich zum Prinzip machen –, einen Zug zu erreichen, ist es, den vorherigen zu versäumen – oder noch besser, ihn zu bekommen.

Und noch ein Tip: Geben Sie Ihrer Sekretärin oder sonstigen lieben Menschen in Ihrer Nähe öfter mal den Hinweis: »Wenn's Telefon *nicht* klingelt, ist es für mich.« Feiert nicht die Beschleunigung, mißtraut ihr. Und meßt Euren Reichtum an jenen Dingen und Aktivitäten, die Ihr *nicht* braucht und die Ihr auch sein lassen könnt.

»Zu allem«, dies empfahl Karl Kraus, »lasse man sich Zeit, nur nicht zu den ewigen Dingen.« Vertraut auf die bayerische Volksweisheit: »Des meiste da' hockt ma und des wenigste da' rennt ma«, zu hochdeutsch: »Den Narren packt die Reisewut, indes im Bett der Weise ruht«.

Zu guter Letzt ein Ratschlag aus der Schweiz: Plant Eure Tage wie ein Stück Emmentaler Käse: Viel Festes und große Löcher für all das, was man nicht planen kann und will. Wenn Ihr das tut, dann müßt Ihr nicht immer die Zeit suchen, sondern könnt Euch auch mal von der Zeit suchen lassen.

Versucht es bitte, sonst wird's nicht anders – und wenn's nicht anders wird, warum dann die vielen Gedanken über die Zeit?

Ein Hinweis für alle, die sogleich anfangen wollen:

»Wenn der Leser dagegen, heftig erregt, sofort zur That emporspringt, wenn er vom Augenblick die Früchte pflücken will, die sich ganze Geschlechter kaum erkämpfen möchten, so müssen wir fürchten, daß er den Autor nicht verstanden hat.« (Nietzsche)

Du liebe Zeit

Da habe ich einen gehört,
wie er seufzte: »Du liebe Zeit!«

Was heißt da »Du liebe Zeit«?
»Du unliebe Zeit«, muß es heißen.

»Du ungeliebte Zeit!«
von dieser Unzeit, in der wir

leben müssen. Und doch:
Sie ist unsere einzige Zeit

unsere Lebenszeit.
Und wenn wir das Leben lieben

können wir nicht ganz lieblos
gegen diese unsere Zeit sein.

Wir müssen sie ja nicht genau so
lassen, wie sie uns traf.

Erich Fried, 1988

Time is honey

»Der Traum vom Ende der Zeitnot«

>»Die Demokratie teilt die Menschen in Arbeiter und
Faulenzer. Für solche, die keine Zeit zur Arbeit haben, ist
sie nicht eingerichtet.«
Karl Kraus

Man findet sie noch, die phantastische Vorstellung vom wirklich besseren Leben, die Sehnsucht nach einer gelebten Existenz, die mehr und anderes ist als die dringliche Erwartung
einer baldigen Steigerung des monatlichen Einkommens und
des vorzeigbaren Güterwohlstands. Aber man findet sie nicht
überall und nicht sogleich. Nur dann läßt sie sich hören und
sehen, wenn man sich Zeit für seine jeweiligen Gesprächspart-
ner nimmt und sie in der Distanz von der hektischen Betriebsamkeit des Alltags nach ihren wirklichen Sehnsüchten, nach
ihren fernen Wünschen und ihren unerfüllten Hoffnungen
fragt – und wenn man sich dann auch noch die Zeit nimmt, ihre
Antworten interessiert anzuhören. Aber das sind seltene Momente. Viel häufiger kommt man eigentlich nicht dazu, obgleich man dazu kommen möchte. Man ist woanders als dort,
wo man sich hinsehnt. Man erreicht nur in den wenigsten Fällen das, was man sich wirklich erwartet hat. Irgendwie fühlt
man sich mitgerissen, ist mehr Opfer als Täter in diesen un-
übersichtlichen Zeiten der Beschleunigung. Und folgerichtig
kümmert man sich immer weniger um Utopien und Lebens-
entwürfe, dafür mehr um die lästigen »unbeabsichtigten« Nebenwirkungen unseres eiligen Alltagshandelns.

Der alltägliche Zeitdruck, die nicht enden wollende Hetze,
die erschöpfende Zeitnot, sie verhindern die Verwirklichung
von Hoffnungen, von Erwartungen und von Wünschen nach
Erfüllung und Vollendung, nach einem Leben in und mit
Zeitsouveränität. Werden solche Sehnsüchte, die ja nichts anderes als Wunschverarbeitungsmuster sind, heute auch allzuschnell durch die Profiteure des durchkommerzialisierten

Zeit-Vertreibs ausgebeutet, so sind sie doch das fruchtbare (zögerliche) Widerstandspotential, um das Gegebene nicht als das Unausweichliche hinzunehmen. Wir sollten es nicht vergessen: Die heutige zeitraffende Alltagsrealität ist dereinst aus einem Traum vom »guten Leben« hervorgegangen. Daß dieser, wenn überhaupt, nur zum Teil erfüllt wurde, daran erinnern die Sehnsüchte nach Zeitwohlstand. Ebenso erinnern sie an das Ziel aller Phantasie, nämlich, das Nicht-Erfüllte, das Ersehnte als eine zu verwirklichende Möglichkeit anzuerkennen. In dem leidvoll erfahrenen Unterschied zwischen dem »Lauf der Dinge« und der »Hast des Tages« liegt ein nicht ausgeschöpftes Veränderungspotential im Hinblick auf eine andere, eine bessere Zeitkultur. Denn das, was ist, kann doch nicht alles sein.

Deshalb ein Blick auf das, was ist.

*

»Dieser Tage habe ich wieder mehr gearbeitet als genossen.«
Goethe, Ital. Reise, 12. September 1787

Wir leben auf der Überholspur. Aus der Zeit haben wir längst ein Geschäft gemacht, und wir verhalten uns geschäftig und geschäftlich in ihr und zu ihr. Wir lassen den Dingen nicht mehr ihren Lauf (und uns Menschen ebensowenig) – wir schubsen sie und treiben uns zur Eile an. Die Zeit wird zum wertvollen Rohstoff »proklamiert« und wie andere Rohstoffe ebenso, ohne »Rücksicht auf Verluste«, ausgebeutet. Die Fiktion, wir könnten Zeit gewinnen, ist zur lebensbestimmenden Alltags-Realität geworden. Zeitsparende Arbeitsorganisation, zunehmende Beschleunigung des Arbeitstempos, Ersetzen des Arbeitsrhythmus durch den Arbeitstakt, wachsende Spezialisierung und Arbeitsteilung waren und sind die Eckpfeiler einer uns alle beeinflussenden Arbeitspolitik. Marx hat diese Logik, der die des kapitalistischen Verwertungsprozesses zugrundeliegt, im Hinblick auf die Beziehung von Zeit und Subjekt im »Elend der Philosophie« prägnant formuliert: »Die Zeit ist alles, der Mensch ist nichts mehr, er ist höchstens noch die Verkörperung der Zeit.« Die Herrschaft der Zeitökonomie zu Lasten des Subjektiven und der Subjekte dominiert nicht nur im Produktionsprozeß, sie bestimmt – und dies wird heute überall sichtbar und spürbar – ebenso den Konsum –, den Freizeit- und den Bildungsbereich.

Moderne Zeiten sind Zeiten der Beschleunigung. Dies hat Chaplin unnachahmlich ins Bild gesetzt. Die uns alle amüsierende Komik lebt dabei von der Tragik, die in der gezeigten Herrschaft des Mechanischen über das Lebendige und dessen hilfloser Gegenwehr zum Ausdruck kommt. Erinnert sei nur an die Szene, in der Chaplin in eine riesige Maschine fällt, sein Frühstück halb eingeklemmt zu sich nimmt und erst, nachdem das Räderwerk nach abgelaufener Pausenzeit wieder in Gang kommt, aus seiner mißlichen Lage befreit wird. Ein treffendes Bild dafür, daß der maschinelle Takt die Lebenssituation des arbeitenden Menschen bestimmt. Die grundlegenden menschlichen Bedürfnisse können zwar befriedigt werden (in Chaplins Fall die Nahrungsaufnahme), aber eben »eingeklemmt«. Zunehmend – auch das zeigt er brillant – gleichen seine Bewegungen denen eines toten Apparates: selbst das Lächeln wird – wie das elektrische Licht – je nach Bedarf ein- oder ausgeschaltet. Inzwischen kann man dieses Ein- und Ausschalten des Lächelns mehrfach am Abend bei den Fernsehansagerinnen wiederfinden. Wir denken uns nichts mehr dabei, es ist zur erwarteten Normalität geworden. Bei Chaplin fanden wir's noch lustig.

Die Ökonomie der Zeit greift über die Arbeit in unser gesamtes Leben ein, sie bestimmt unser zeitliches Selbst- und Wirklichkeitsverständnis. Von der Arbeit selbst und von der um diese herum geordneten Umwelt, werden unsere Verhaltensweisen, unsere Bedürfnisse, unsere Wahrnehmungen, unsere Werturteile auch in der arbeitsfreien Zeit bestimmt. Was wir als »Freizeit« bezeichnen, die »kostbarsten Wochen des Jahres«, wie der Neckermann-Katalog den Urlaub nennt, bleibt davon nicht unberührt: Fotos statt Erfahrungen, Aktionen statt Erlebnisse. Und weil das alles nicht das erhoffte Glück beschert, wird uns in den Fußgängerzonen und in den Bahnhöfen unserer Großstädte von Losverkäufern das »schnelle Glück« – erwerbbar für ein paar Pfennige – offeriert. In den allermeisten Fällen stellt sich dies, wie nicht anders zu erwarten, als Niete heraus. Und ebenso ergeht es uns, wenn wir unsere Hoffnungen auf dem expandierenden Markt der Schnellbeglückungspsychologien zu befriedigen versuchen.

Aus unseren Kinderzeiten, die ja wie alles Vergangene heute ebenso beschleunigter Verdrängung anheimfallen, hätten wir eine bessere Lehre übernehmen können. Im Märchen von den drei Wünschen sind nämlich diejenigen, die das schnelle Glück ergreifen, letztlich die Unvernünftigen und die Betrogenen. Weil sie zu hektisch ihren ersten Wunsch erfüllt haben wollen, brauchen sie den zweiten und den dritten, um den angerichteten Schaden wiedergutzumachen.

*

»I woas ned, i hob hoid mit da Arbeit koa Freid/denn grad
mit da Arbeit versamt ma de Zeit …«
J.D. Westermair, Münchner Volkssänger, 1903

Märchen sind Medien der Angstabwehr und der Sehnsucht. Die Geschichte von den drei Wünschen handelt von jenem Begehren, daß es uns dereinst einmal besser gehen möge und daß uns dies ganz ohne Anstrengung und ohne Arbeit gelänge. Damit dementiert es die uns und unseren Vorfahren mit viel Druck und Gewalt einsozialisierte Heilserwartung, daß die Vertreibung aus dem Paradies nur über schweißtreibende, zweckgerichtete Aktivität, über Arbeit, wieder rückgängig zu machen wäre. Märchenhaft erscheinen uns daher die Alternativen zur arbeitsorientierten Gesellschaft. Wir haben die Lektion aus dem Gothaer Programm (von 1875), daß die Arbeit die Quelle allen Reichtums und aller Kultur sei, nur zu gut gelernt – und auch gewissenhaft realisiert. Hingegen beschrieben Vergil und die Philosophen des Mittelalters zwei mögliche Wege zur Vervollkommnung des Menschen und der Gesellschaft: jenen über die Aktivität (vita activa) und jenen über die Kontemplation (vita contemplativa). Den Weg über die Aktivität haben wir zur mehrspurigen Schnellstraße ausgebaut, jenen über die Kontemplation zum unattraktiven, nur mehr unter Lebensgefahr erreichbaren Grünstreifen zwischen den Fahrstraßen verkommen lassen. Und trotzdem: In seiner sterbenden Traurigkeit erinnert dieser an bessere, an andere Möglichkeiten. Auf einer Autobahn kann man nicht wohnen, nicht wirklich leben. Man kann dort nur alles aus sich und aus der Maschine, die man zu beherrschen glaubt, herausholen. Wofür?

Der dem Arbeitsleben der Industriegesellschaft eigenen zwanghaften Zeit-Bewirtschaftung entspricht der Traum, frei von Zeitzwängen zu sein. »Folglich baut sich parallel zu den Regeln des zivilisierten Lebens, zur Verpflichtung, seine Zeit gut zu verwenden, das Gegenbild einer Muße auf, die noch nicht schuldig war (Goldenes Zeitalter, verlorenes Paradies), das Bild einer zukünftigen Ruhe (requies aeterna), welche dann diejenigen entschädigen wird, die sich im Kampf gegen die dem Seelenheil feindlichen Kräfte keine Ruhe gegönnt haben, auch das Bild eines (wilden oder natürlichen) Hirtenlebens, wo die Notwendigkeit der Arbeit und der zeitlichen Organisation weniger schwer wiegt. Man könnte geradezu behaupten, daß in der Geschichte der Kultur die den fiktiven Gärten des Glücksparadieses – ›Land Nirgendwo‹, Arkadien

– zugeschriebenen Privilegien der Zeitlosigkeit in umgekehrter Symmetrie dem Zwang entsprachen, der die Zeit des alltäglichen Lebens den Verpflichtungen ihrer skrupulösen Nutzung unterordnete. Und paradoxerweise hat offensichtlich das Bemühen, die Unproduktivität der Trägheit und Sorglosigkeit zu überwinden, dazu beigetragen, eine von der Zeit erlöste Muße begehrenswert zu machen.« (Starobinski)

Daß Träume wichtig sind, ja lebensnotwendig, das müssen wir uns in unserer wissenschaftshörigen Zeit von der Schlafforschung bestätigen lassen, aber eigentlich wußten wir es bereits vorher. Der Traum schützt uns vor zuviel Realität, entlastet vor Versagungen. Er entbindet unsere im Alltag gefesselte Phantasie und läßt uns unsere Wünsche erkennen. Dies tun Märchen ebenso. Märchen sind der Realität entgegengesetzt und weisen gerade deshalb auf sie hin. Sie verzerren den Alltag bis zur Kenntlichkeit und bremsen dessen eiligen Selbstlauf. Sie sind »Spiele der leichtfertigen Einbildungskraft, die keinen sittlichen Zweck haben und daher den Menschen nicht auf sich selbst zurück, sondern außer sich hinaus ins unbedingte Freie führen und tragen«. (Goethe)

Märchenhaft klingt beispielsweise die Geschichte von Hans, der bereits nach sieben Jahren Arbeit mit einem Klumpen Gold nach Hause, d.h. zu sich selbst, zurückkehren kann: »Hans hatte sieben Jahre bei seinem Herrn gedient, da sprach er zu ihm: ›Herr, meine Zeit ist um, ich möchte wieder heim zu meiner Mutter. Gebt mir meinen Lohn!‹

Der Herr antwortete: ›Du hast mir treu und ehrlich gedient, und wie der Dienst war, so soll auch der Lohn sein.‹

Damit gab er ihm ein Stück Gold, das so groß war wie Hansens Kopf...«

Jüngeren Datums ist das Märchen (heute heißt so etwas »Kindergeschichte«) »Frederick« von Leo Lionni über eine Familie redseliger Feldmäuse:

»Und weil es bald Winter wurde, begannen die kleinen Feldmäuse Körner, Nüsse, Weizen und Stroh zu sammeln. Alle Mäuse arbeiteten Tag und Nacht. Alle – bis auf Frederick. ›Frederick, warum arbeitest du nicht?‹ fragten sie. ›Ich arbeite doch‹, sagte Frederick, ›ich sammle Sonnenstrahlen für die kalten, dunklen Wintertage‹…«

Noch bekannter ist Michael Endes dickes Kinderbuch »Momo«, das den märchenhaften Sieg über die Zeitdiebe zum Inhalt hat. Und da im Medienzeitalter die Märchen ja auf der Leinwand spielen, haben Millionen ihre Wunschverarbeitung durch den Kauf einer Kinokarte bezahlt. Sie hätten besser das Buch lesen sollen: Die Kinder speist man mit Märchen, die Erwachsenen mit Filmen ab.

*

Die literarische Verarbeitung unseres Wunsches nach der Freiheit von Zeitzwängen findet man bei Rabelais in seinem »Gargantua« und bei Rousseau, der sich so weit mit der Natur identifizierte, daß er im Augenblick der inneren Erneuerung seine Uhr weggab.

Goethe läßt im Faust den Mephisto (also den Teufel!) die Aufforderung sprechen: »Gebraucht die Zeit, sie geht so schnell von hinnen! Doch Ordnung lehrt Euch Zeit gewinnen«[*]

Im Werther vollzieht er den Kampf zweier Ökonomien literarisch nach. Dem Werther, dem jungen Liebenden, dem Schwärmenden, demjenigen, der im Augenblick lebt, der die Zeit vergeudet, sich in der Zeit gehenläßt, dem werden von

---

[*] Unter Vernachlässigung des offensichtlichen Sachverhaltes, daß es sich doch um einen teuflischen (Mephisto) Ratschlag handelt, gehört dieser Reim zum unverzichtbaren Ermahnungsrepertoire bürgerlicher Erzieher.

dem gefühlsdistanzierten, gesellschaftlich erfolgreichen Albert die Leviten gelesen: »Teilet Eure Stunden ein (...). Berechnet Euer Vermögen.«

Robert Walser brüskiert durch seine Literatur und auch durch seine Lebensentscheidungen*) unsere zwanghafte Zeitorganisation: »Alles Schöne und Gute«, so sein Resümee, »scheitert nur immer an der Unruhe.«

Von ihm stammt auch folgender märchenhafte Text:

»Es gab einmal eine Welt, wo alles ganz langsam zuging. Eine angenehme, und ich möchte sagen, gesunde Trägheit beherrschte das Menschenleben. Die Menschen gingen gewissermaßen müßig. Was sie taten, das taten sie nachdenklich und langsam. Sie taten nicht so unmenschlich viel, fühlten sich auf keine Weise bewogen oder verpflichtet, sich aufzureiben und abzuarbeiten. Hast und Unruhe oder übermäßige Eilfertigkeit gab es unter diesen Menschen keine. Niemand strengte sich sonderlich an, und eben darum war das Leben so freundlich. Wer hart arbeiten muß oder überhaupt in einem hohen Grad tätig ist, der ist für die Freude verdorben, der macht ein mürrisches Gesicht, und alles, was er denkt, ist einfach und traurig. Müßiggang sei aller Laster Anfang, sagt ein altes abgegriffenes Sprichwort. Die Menschen, von denen hier die Rede ist, machten den Sinn dieses etwas vorlauten Sprichwortes in keiner Hinsicht wahr, im Gegenteil, sie widerlegten es und entkleideten es jeglicher Bedeutung. Indem sie es sich wohl sein ließen auf einer harmlosen und zutraulichen Erde, genossen sie still ihr Sein in traumhaft schöner Ruhe, und dem Laster blieben sie insoweit gänzlich fern, als ihnen gar kein Gedanke darnach kam.«

---

* 23 Jahre vor seinem Tod stellt Walser seine schriftstellerische Tätigkeit ein und zieht sich in die »Zeitlosigkeit« einer Heil- und Pflegeanstalt zurück. Sein deutscher Verlag hingegen, mehr dem Geschäft als der Literatur zugetan, vermarktet Robert Walser unter dem Titel »Lektüre für Minuten«.

1904 schrieb Hermann Hesse einen Essay über »Die Kunst des Müßiggangs«, den er mit einem Hinweis auf die persönlichkeitszerstörenden Elemente der Arbeit beginnt: »Je mehr auch die geistige Arbeit sich dem traditions- und geschmacklosen, gewaltsamen Industriebetrieb assimilierte, und je eifriger Wissenschaft und Schule bemüht waren, uns der Freiheit und Persönlichkeit zu berauben und uns von Kindesbeinen an den Zustand eines gezwungenen, atemlosen Angestrengtseins als Ideal einzutrichtern, desto mehr ist neben manchen anderen altmodischen Künsten auch die des Müßiggangs in Verfall und außer Kredit und Übung geraten. Nicht, als ob wir jemals eine Meisterschaft darin besessen hätten! Das zur Kunst ausgebildete Trägsein ist im Abendlande zu allen Zeiten nur von harmlosen Dilettanten betrieben worden.«

In ganz ähnlicher Art und Weise argumentiert der rumänisch-französische Philosoph E.M. Cioran. Ausgehend von der These, daß die Menschen zuviel arbeiten, um noch sie selbst sein zu können, will er das Lob der Faulheit angestimmt wissen, »jene Faulenzerei, die innerliche Gelassenheit und ein alles duldendes Lächeln durchtränken«. Für diesen Gedanken kann Cioran mehr stilistische als inhaltliche Originalität beanspruchen. Die gleiche Argumentation, jedoch viel ausführlicher und auch radikaler, kann man bei Paul Lafargue bereits fünfzig Jahre früher finden. Die Pikanterie dabei ist, daß Lafargues Thesen auch als eine kritische Reaktion auf das Werk von Marx, dessen Schwiegersohn er war, verstanden werden können. Dazu ein kleiner Exkurs zum Thema: »Familiale Gegenbilder der Zeitkultur«.

Marx, der sich ja gegen den konkreten Entwurf einer zukünftigen Gesellschaft verwahrte, ist seinen Prinzipien nicht ganz treu geblieben. In der »Deutschen Ideologie« findet man die oft zitierte Stelle, wo er für die kommunistische Gesellschaft die Utopie formuliert, daß es dort möglich sein wird »heute dies, morgen jenes zu tun, morgens zu jagen, nachmittags zu fischen, abends Viehzucht zu treiben, nach dem Essen zu kritisieren, wie ich gerade Lust habe, ohne je Jäger, Fischer, Hirt oder kritischer Kritiker zu werden.« Dies ist die einzige Stelle in dem doch sehr umfangreichen Werk von Marx, an der er eine relativ konkrete Beschreibung der Vision einer von der Fülle gekennzeichneten nachrevolutionären Gesellschaft wagt.

Wie ernst aber soll man die Marx'sche Utopie nehmen? Zu sehr knüpft er an den Topos des »guten Wilden« an, zu sehr wird man bei »jagen«, »fischen«, »Viehzucht« an die Tätigkeiten des Urmenschen erinnert, um den ironischen Unterton überhören bzw. überlesen zu können. Und heute, wie ernst kann man heutzutage die Marxsche Schlaraffenland-Vorstellung noch nehmen? Sie ist ja Realität: morgens Textverarbeitung, mittags am Tresen Hamburger verkaufen, nachmittags im Szenekaffee bedienen, abends schnell noch einen flippigen Artikel für die Stadtteilzeitung schreiben und in der Nacht ab und zu Taxi fahren. »Job-Surfen« nennen das die jungen Erwachsenen, wobei sie sich nicht sicher sind, ob sie diesen Zustand als die große Freiheit der Wahl oder den großen Zwang zur Qual verstehen und erleben (sollen). Eine wirklich ernstzunehmende Alternative zu einer auf Arbeit und deren Zeitlogik aufbauenden Gesellschaft hat Marx nicht entwickelt. Ganz im Gegenteil, er hat nie einen Zweifel an dem Gedanken aufkommen lassen, daß es primär (bzw. ausschließlich) die Arbeit ist, die die Identität der Subjekte gewährleistet: »Durch Arbeit produziert der Mensch sich selbst, durch Zeugung produziert er andere.« Es ist die Arbeit, die dem Übergang vom Affen zum Menschen (so auch der Titel eines Zeitungsaufsatzes von Marx aus dem Jahre 1876) ihren qualitativen Ausdruck gab.

Eine wirkliche Alternative hingegen hat Marxens Schwiegersohn, Paul Lafargue, in seiner Schrift »Das Recht auf Faulheit« entwickelt. Sie erschien 1883, im Todesjahr von Marx, und war zweifelsohne gegen die verbreitete Heilserwartung gerichtet, das Paradies durch ausgeprägten Arbeitsfleiß wieder betreten zu können. Mehr als drei Stunden, so Lafargues »ehernes Gesetz«, darf nicht gearbeitet werden. Die »unnatürliche Arbeitssucht« führe zu »organischer Verkümmerung«. Allein die Faulheit sei produktiv, Arbeitslosigkeit das anzustrebende Ideal. Dem bei der Pariser Februar-Revolution (1848) proklamierten »Recht auf Arbeit« stellt er das »Recht auf Faulheit« gegenüber:

»Wenn die Arbeiterklasse sich das Laster, welches sie beherrscht und ihre Natur herabwürdigt, gründlich aus dem Kopf schlagen und sich in ihrer fruchtbaren Kraft erheben wird, nicht, um die famosen ›Menschenrechte‹ zu verlangen, die nur die Rechte der kapitalistischen Ausbeutung sind, nicht, um das ›Recht auf Arbeit‹ zu proklamieren, das nur das Recht auf Elend ist, sondern um ein ehernes Gesetz zu schmieden, das jedermann verbietet, mehr als drei Stunden pro Tag zu arbeiten, so wird die alte Erde, zitternd vor Wonne, in ihrem Innern eine neue Welt sich regen fühlen.«

Lafargues Gedanken wurden allzuschnell vergessen und verdrängt. In der Zeit der aufkommenden großen Industrie blieben die harten Alltagserfahrungen und die Sehnsüchte der Menschen gleichermaßen auf die Hoffnung ausgerichtet, mit und durch die Arbeit das erwünschte Glück zu erlangen. Zu sehr war Lafargue nicht nur wegen seiner kubanisch-spanischen Herkunft ein Exot, als daß man sich bereit fand, eine ernsthafte Auseinandersetzung mit seinen Ideen zu wagen. Für die Sozialdemokraten und für die Bolschewisten war der Schwiegervater Marx so übermächtig, daß diese sich die Sicht auf die originellen Gedanken anderer Familienangehöriger versperren ließen. Nur der Weg über die Arbeit wurde als Königsweg des Fortschritts anerkannt: »Die Müßiggänger schiebt beiseite ...« heißt es daher im (deutschen) Text der »Internationale«.

Obgleich sich die Sozialdemokratie nicht notwendigerweise auf Lafargue hätte beziehen müssen, um eine gesellschaftliche Zeitorganisation zu vertreten, die über die der Arbeit hinausweist. Bereits 1516 berechnete der englische Gelehrte und Kanzler Thomas Morus in seiner »Utopia«, daß täglich sechs Stunden »materieller Arbeit« ausreichen würden, um die Bedürfnisse der Gesellschaft zu befriedigen. Hundert Jahre später schrieb der Dominikanermönch Campanella im neapolitanischen Gefängnis seinen »Sonnenstaat«. In diesem Musterstaat »sind die öffentlichen Dienste, Künste, Handwerke und Arbeiten unter alle verteilt, so daß auf den einzelnen kaum vier Stunden pro Tag treffen, die er zu arbeiten hat«. Und der bibelfeste Teil der Bevölkerung kennt den Satz von Jesus Sirach, der das Geheimnis der Arbeitsgesellschaft leichtfertig ausplaudert: »Halte den Knecht zur Arbeit, so hast du Ruhe vor ihm!«

Und heute: Die Regierenden machen sich viele Gedanken über das Reich der Notwendigkeit, aber nur sehr wenige über das der Freiheit. Wann endlich verbindet ein Bundeskanzler in seiner unvermeidlichen Silvesteransprache die Erfolgsmeldungen dessen, was im verflossenen Jahr erarbeitet wurde, einmal nicht mit der Ermahnung für das kommende Jahr, sich weiter fleißig anzustrengen. Wann endlich sagt er: »Leute (er sagt selbstverständlich: »Liebe Mitbürgerinnen und Mitbürger«), ruht euch doch mal aus, freut euch, feiert und genießt die Ergebnisse eurer Mühe!« Ein Jahr, in dem die Arbeit nur noch »als Würze der Vergnügungen der Faulheit« (Lafargue) gilt – wer will das nicht erleben? Wir könnten es uns leisten. Es bleibt ein Traum – ein schöner. Nicht die märchenhafte Utopie einer »Arbeitslosen-Zeitordnung« ist es, die wir an Silvester von unseren Mächtigen angeboten bekommen, es ist die altbekannte Neuauflage jener aus dem Herrenhuter Pietismus stammenden Lebensmoral des Grafen Ludwig von Zinsendorf: »Man arbeitet nicht allein, daß man lebt, sondern man lebt um der Arbeit willen, und wenn man nichts mehr zu arbeiten hat, so leidet man oder entschläft.«

Warum nur haben diese gottesfürchtigen Menschen das Wort Salomos: »Wer seine Tätigkeit einschränkt, erlangt Weisheit« (Sirach 38, 25) nicht als Richtschnur ihrer appellativen Pädagogik hergenommen? Heinrich Heines Beifalls hätten sie sich sicher sein können. »Es wächst hiernieden Brot genug/ Für alle Menschenkinder,/Auch Rosen und Myrthen und Schönheit und Lust/Und Zuckererbsen nicht minder.«

Wo bleibt heute der Traum, mit dem ehemals die Arbeit gerechtfertigt wurde, der Traum ihres Endes? Georg Büchner hatte ihn noch: »Wir lassen alle Uhren zerschlagen, alle Kalender verbieten und zählen Stunden und Monden nur nach der Blumenuhr, nur nach Blüte und Frucht. Und dann umstellen wir das Ländchen mit Brennspiegeln, daß es keinen Winter mehr gibt und wir uns im Sommer bis Ischia und Capri hinaufdestillieren und das ganze Jahr zwischen Rosen und Veilchen, zwischen Orangen und Lorbeer stecken.«

Ausgeträumt! Es gibt heute keine richtungsweisende Utopie mehr jenseits der Arbeit und daher auch keine, die uns eine Zeitordnung ohne Hetze, ohne Eile, ohne Druck verspricht. Unser schlechtes Gewissen beim Nichtstun, beim Sein- und Liegenlassen, verhindert deren Entstehen.

Faulheit war, ist und bleibt wohl auch ein Vorwurf, der unweigerlich die soziale Diskriminierung zur Folge hat. Faul darf man nicht sein; und wenn man sich Faulheit in einer starken Stunde einmal gönnt, dann muß man ganz viel daran arbeiten, um dies nicht sichtbar werden zu lassen. Wer faul ist, der ist verdorben und anrüchig (*stink*faul!).

Wer nicht fleißig arbeitet, der muß, um gesellschaftlich anerkannt zu werden, wenigstens fleißig konsumieren. Man hat in einem vom Tätigkeitswahn gekennzeichneten Leben keine Zeit zu haben. Und wenn man sich so an das Leben ohne Zeit gewöhnt hat, dann kann man mit der freien Zeit schließlich nichts mehr anfangen und behauptet, wenn man sie hat, keine zu haben.

Man muß sich das vorstellen: Wir haben Angst, daß uns die Arbeit ausgeht. Diese Angst ist nur erklärbar als eine Furcht vor der Selbstzerstörung, und diese wiederum ist die Folge unserer real gewordenen Idee, die Selbsterschaffung des Menschen auf Arbeit einzuengen. Was uns fehlt, ist ein lebenswertes Ideal der Nicht-Arbeit, eine Kultur der Arbeits-Losigkeit, ein Zivilisationsmuster für eine von der Arbeit befreite Zeitorganisation. Nur so können wir die Arbeitslosen von ihrem Dauermakel entlasten und ihre gesellschaftliche Ausgrenzung verhindern. Tun wir etwas, um nichts tun zu müssen! Machen wir uns sichtbar durch das, was wir unterlassen: Es gibt nichts Gutes, es sei denn, man läßt es.

*

»Darin dachte unser Freund Herkules richtiger, der fünfzig Mädchen in einer Nacht für das Heil der Menschheit beschäftigen konnte, und zwar heroische. Er hat auch gearbeitet und viel grimmige Untiere erwürgt, aber das Ziel seiner Laufbahn war doch immer ein edler Müßiggang, und darum ist er auch in den Olymp gekommen. Nicht so dieser Prometheus, der Erfinder der Erziehung und Aufklärung. Von ihm habt ihr es, daß ihr nie ruhig sein könnt und euch immer so treibt; ...«

(Friedrich Schlegel)

Das letzte Gut, das uns nach Friedrich Schlegel vom Paradies übriggeblieben ist, die Faulheit, ist uns abhanden gekommen. Wie aber kann man so überhaupt noch Sehnsucht nach einem paradiesischen Zustand haben? Sehnsüchte aber brauchen wir, um uns nicht – immer rascher auf der Stelle tretend – selbst zu verzehren. Wir brauchen den Traum vom Besseren als gesellschaftlichen Gegenentwurf, als bildliche Vorstellung vom menschenwürdigeren Leben und als soziale Phantasie, die uns nicht an den bestehenden Erniedrigungen und Ungerechtigkeiten verzweifeln läßt. Kennzeichen von Realismus ist nicht, keine produktive Einbildungskraft im Sinne utopischer Vorstellungen zu haben. Bessere Zeiten werden wir nur erwarten können, wenn wir quer zur heutigen Zeit denken, damit wir mit Gegenbildern an die nicht erfüllten Versprechen erinnern können. Um utopische Energien, von deren Auszehrungen heute so gerne gesprochen wird, wieder neu zu beleben, braucht es Zeit – eine andere Zeit, als die, die moderne Sehnsuchtsproduzenten uns mediengerecht anbieten. Fast-food-Utopien produzieren keine Träume. Sie erhöhen höchstens die Sorgen um unseren Schlaf und unterwerfen uns um so intensiver dem zu überwindenden Zeitdruck des Alltags.

Gegenbilder zu einer Gesellschaft, in der sogar die Nasen mit »Tempo« geputzt werden, müßten heute eher an konkreten Erfahrungen des Alltäglichen ansetzen. Aus ihnen würden sich Erwartungen entwickeln, die zur sozialen Phantasie im Hinblick auf eine alternative gesellschaftliche Zeitkultur werden könnten. Die kleinen Zeitfluchten, das ausgiebige sonntägliche Frühstück, das extensive Bad am Samstagnachmittag, die Nischen produktiver Langsamkeit, die kreative Pause sowie das zeitlose Spiel mit Kindern, lassen, wenn sie gebündelt werden, den Wunsch nach einer besseren Zeit entstehen. Manchmal muß man auch, um die Alternative zu entdecken, krank werden: »Der Mensch, der krank im Bette liegt, kommt mitunter dahinter, daß er für gewöhnlich an seinem Amte, Geschäft oder an seiner Gesellschaft krank ist und durch sie jede Besonnenheit über sich verloren hat: er gewinnt diese Weisheit aus der Muße, zu welcher ihn seine Krankheit zwingt.« (Nietzsche)

Alles das verändert die Welt nicht sofort, aber es kann einen Stein ins Rollen bringen. »Eine Weltkarte, in der das Land Utopia nicht verzeichnet ist, verdient keinen Blick, denn sie läßt die eine Küste aus, wo die Menschheit ewig landen wird ...«. (Oscar Wilde) Dies wäre die Küste des interesselosen Wohlgefallens, an der wir davon befreit wären, über »Zeit« nachdenken zu müssen.

Geschenkte Zeit?

Eine bescheidene Utopie

Jedes Jahr der gleiche Trick: Im Frühjahr nimmt man uns eine Stunde – und im Herbst erhalten wir sie wieder zurück. Daß wir Zeit geraubt bekommen, das kennen wir nur allzugut, das passiert uns täglich, nicht nur bei der jährlich wiederkehrenden Einführung der »Sommerzeit«. Daß wir aber mit einer Stunde beschenkt werden, das ist in unserer Hochgeschwindigkeits-Zivilisation eher selten.

Die Uhr wird für eine Stunde ohnmächtig. Einmal im Jahr wissen wir für sechzig Minuten nicht, was die Stunde geschlagen hat. Irgendwie haben wir Sehnsucht nach dieser Situation und trotzdem fürchten wir uns vor ihr. Die schöne Illusion, eine Stunde geschenkt zu bekommen, wir dürfen sie haben – aber wir dürfen sie nicht leben. Wir müssen – und sollen das wohl auch – sie verschlafen. Das Geschenk wird uns im Schlaf gemacht, dann, wenn wir schön still und brav in unseren Betten liegen, zwischen zwei und drei Uhr nachts. Es ist dies die lebloseste Zeit des Tages, und die geschenkte Stunde ist es damit auch. Sie scheint zu stören. Wen eigentlich?

Vielleicht die Bahn AG, die um diese nächtliche Zeit die geringsten Organisationsprobleme mit dem Fahrplan hat. Aber warum sollen wir unser Leben eigentlich nach dem

Schienenverkehr ausrichten? Das tun wir sowieso schon allzuhäufig. Lieblos gehen wir mit der geschenkten Stunde am Ende des Sommers um. Wir überleben die Zeit, aber wir leben sie nicht. Warum eigentlich bekommen wir die Stunde nicht zwischen 14.00 und 15.00 Uhr geschenkt? Damit könnten wir viel mehr anfangen. Das wäre doch toll! Eine Stunde ohne Zeittakt. Die will ich doch nutzen und mir erlauben, selbst eine Stunde takt-los zu sein. Eine Stunde Zeit, in der ich das Zeitliche bereits als Lebender segnen könnte – das wär's! Freie Zeit, die nutzlos, aber nicht sinnlos ist!

Laßt uns dafür kämpfen – immer – nur nicht in den geschenkten Stunden! Die Verschiebung von 12 Stunden müßte doch möglich sein! Welche Partei verspricht uns dies? So könnten wir dann nicht nur zwischen Parteien, sondern zwischen Programmen wählen. Eine Stunde temporäres Brachland zwischen zwei und drei Uhr nachts – geschenkt.

Und wenn wir schon dabei sind; warum hängen wir denn eigentlich den Schalttag, den wir alle vier Jahre erhalten, nicht an den Juni an? Da ist es doch viel sonniger als im grauen Februar.

*

Bürger, schont eure Anlagen

Arbeit läßt sich schlecht vermeiden,
und sie ist der Mühe Preis.
Jeder muß sich mal entscheiden.
Arbeit zeugt noch nicht von Fleiß.

Arbeit muß es quasi geben.
Denn der Mensch besteht aus Bauch.
Arbeit ist das halbe Leben,
und die andre Hälfte auch.

Seht euch vor, bevor ihr schuftet!
Zieht euch keinen Splitter ein.
Wer behauptet, daß Schweiß duftet,
ist (ganz objektiv) ein Schwein.

Zählt die Arbeit zu den Strafen!
Wer nichts braucht, braucht nichts zu tun.
Legt euch mit den Hühnern schlafen.
Wenn es geht: pro Mann ein Huhn.

Manche geben keine Ruhe,
und sie schuften voller Wut.
Doch ihr Tun ist nur Getue,
und es kleidet sie nicht gut.

Laßt euch auf den Sofas treiben!
Gut geträumt ist halb gelacht.
Hände sind zum Händereiben.
Sprecht schon morgens: »Gute Nacht«.

Laßt die Wecker ruhig rasseln!
Zeigt dem Krach das Hinterteil.
Laßt die Moralisten quasseln.
Bietet euch nicht täglich feil.

Wozu macht ihr Karriere?
Ist die Erde denn kein Stern?
Tut, als ob stets Sonntag wäre,
denn er ist der Tag des Herrn.

Vieles tun heißt vieles leiden.
Lebt, so gut es geht, von Luft.
Arbeit läßt sich schlecht vermeiden,-
doch wer schuftet, ist ein Schuft!

Erich Kästner

Zeitmanagement

»Heißa, Kathreinerle, schnür' dir die Schuh',
schürz' dir dein Röckele, gönn' dir kein' Ruh'!«

> »Irgendwie geht Ordnung in das Bedürfnis
> nach Totschlag über.«
> *R. Musil*

Ach, was wird uns nicht alles versprochen: Ray Josephs zeigt uns, »wie man jeden Tag eine Stunde dazugewinnt« – und über zweieinhalb Millionen Menschen kaufen sich diesen Ratgeber: »Nur wer die Zeit im Griff hat, hat Zeit«, ist die verführerische Botschaft. So lautet auch das Motto unzähliger Seminarangebote, in denen uns der Umgang mit diesem »wertvollen Gut« beigebracht werden soll. Jemand anders will uns in »die Kunst, in derselben Zeit die doppelte Arbeit zu erledigen«, einführen. Schnelligkeit, so wird behauptet, sei der entscheidende Erfolgsfaktor im Wirtschaftsleben, und so bleibt es nicht aus, daß einflußreiche Managementberater »schnelle Menschen für schnelle Zeiten« fordern. Da solch ein Motto anscheinend nicht von allen Bevölkerungskreisen gleichermaßen mit Jubel begrüßt wird, muß mit etwas Druck nachgeholfen werden: »Planen Sie Ihre Zeit, sonst werden Sie verplant«, ist dabei noch eine der zurückhaltenden Drohungen. Deutlicher werden jene, die uns warnen: »Nur wer sich vornimmt, mindestens doppelt so schnell zu werden, hat Chancen.« Regelrecht bedrohlich wird es gar, wenn man den Zeitsparslogan: »Das Ziel heißt halbieren« nicht auf die Lebensdauer von Produkten, sondern auf die, die diese herstellen, bezieht. Kein Wunder, daß bei soviel Sorge um unsere Zeit die Nachfrage nach Zeitmanagementseminaren, nach Zeitplanbüchern, nach Zeitplanungssystemen immens zugenommen hat. Erste Erfolge sind auch bereits sichtbar: »Ich wäre hilflos, hätte ich mein sogenanntes Zeitplanbuch nicht mehr«, gesteht uns Prof. J. G. in einem Interview sehr freimütig. Da geht es ihm nicht viel anders als Robinson Crusoe, der sogar fernab von jeder Zivilisation der zwanghaften Zeitbewirtschaftung nicht entsagen konnte: »Diesen Morgen fing ich an, meine Zeit zum Arbeiten, aufs Schießen, zum Schlafen und zur Ergötzlichkeit ordentlich einzuteilen.«

Als ginge es um die mannhafte Bewältigung aller auf dem Weg zum goldenen Schatz lauernden Gefahren, wird der erfolgreiche Kampf gegen die Zeitfresser, die geglückte Überwindung von Zeitfallen und ähnliche Meisterstücke in attraktiver Aufmachung (in Leder das Doppelte!) angekündigt. Der Erfolg, so die verheißungsvolle Botschaft, stellt sich von selbst ein, hat man nur die Zeit im organisierenden Griff.

Bereits in den Werbebroschüren von einschlägigen Büchern und in den Ausschreibungstexten von Veranstaltungen wird mit Glücksversprechen nicht gegeizt. Und es wird allzu deutlich: Zeitmanagement ist eine modernisierte Form der Heilserwartung und daher für die Vertreter der Schnellbeglückungspsychologie ein äußerst attraktives Feld.

Das alles heißt nicht, daß diesbezüglichen Publikationen und allen Veranstaltungen der Makel des Unsoliden anhaften würde. Es werden dort durchaus praktikable Hilfen für die zeitliche Gestaltung des Arbeits- bzw. Lebensalltags angeboten. Viel zu häufig geschieht dies jedoch im Zusammenhang mit nicht einlösbaren Erwartungen, falschen Erfolgshinweisen und schillernden Glücksversprechen. Diese werden von den Käufern der Zeit-Managementbücher, von den Teilnehmern der einschlägigen Veranstaltungen an die Autoren und Dozenten auch als stille Wünsche und laute Sehnsüchte herangetragen. Denn der Erfolg des Zeitmanagements basiert nicht zuletzt auf der Deckungsgleichheit von eingebrachten Wünschen und bereitgestellten Wunschverarbeitungsmustern. Kurz gesagt: Zeitmanagement ist eine attraktive moderne Märchengattung.

Um mich nicht allzu weit davon zu entfernen, erzähle ich ein Märchen, das man noch in keinem Zeitmanagementseminar gehört hat. 1902 publizierte Paul Scheerbart die folgende

Geschichte, der er den Doppeltitel: »Die gebratene Ameise, Arbeitsspaß« gab: »Bei den fleißigen Ameisen herrscht eine sonderbare Sitte: Die Ameise, die in acht Tagen am meisten gearbeitet hat, wird am neunten Tag feierlich gebraten und von den Ameisen ihres Stammes gemeinschaftlich verspeist.

Die Ameisen glauben, daß durch dieses Gericht der Arbeitsgeist der fleißigsten auf die essenden übergehe.

Und es ist für eine Ameise eine ganz außerordentliche Ehre, feierlich am neunten Tag gebraten und verspeist zu werden. Aber trotzdem ist es einmal vorgekommen, daß eine der fleißigsten Ameisen kurz vorm Gebratenwerden noch folgende kleine Rede hielt:

›Meine lieben Brüder und Schwestern! Es ist mir ja ungemein angenehm, daß ihr mich so ehren wollt! Ich muß Euch aber gestehen, daß es mir noch angenehmer sein würde, wenn ich nicht die Fleißigste gewesen wäre. Man lebt doch nicht bloß, um sich totzuschuften!‹

›Wozu denn?‹ schrien die Ameisen ihres Stammes – und sie schmissen die große Rednerin schnell in die Bratpfanne – sonst hätte dieses dumme Tier noch mehr geredet.«

*

Machen wir uns doch nichts vor, der Besuch eines Zeitmanagementseminars, der Besitz eines möglichst teuren Zeit-Planers, gehört heute zum Sozialprestige eines sich wichtig nehmenden Menschen. Personen, die nie Zeit haben, die also »ihre« Zeit managen müssen, werden in unserer heutigen Gesellschaft (ganz im Gegenteil zu vergangenen Zeiten) als »wichtig« angesehen. Permanente Geschäftigkeit – und was könnte dies besser ausdrücken als beflissenes Zeitmanagement? – ist die Demonstration jenes moralischen Wertes, der die fleißigste Ameise das Leben kostet. Freie Zeit darf es geben, jedoch nur als geplante, als die durch's Zeitmanagement geordnete und hierdurch gewonnene. Wer nicht arbeitet, zumindest, indem er seine Zeit ordentlich plant und bearbeitet, der darf auch nicht faul sein. Das strenge Pauluswort an die Thessaloniker (Thess. 3,10), »wer nicht arbeiten will, soll auch nicht essen«, das übrigens fast wörtlich in die Sowjetverfassung von 1937 aufgenommen wurde und seither für so manchen ein Ausspruch von Stalin ist, erfährt im Zeitmanagement seine modernisierte Fassung. Wer's deutlich haben will: ein alter Hut, der mal wieder aus der Reinigung abgeholt wurde und der jetzt wie neu aussieht. Warum aber ist es so attraktiv, ihn heute wieder zu tragen?

Zeitmanagement ist ja nichts anderes als die Lehre vom ökonomischen Umgang mit Zeit. Zeit wird als knappe Ressource betrachtet, die es nach ökonomischen Prinzipien optimal zu nutzen gilt. Letztlich ist Zeitmanagement eine Rationalisierungsstrategie, die sich in jenem Moment breiter Beliebtheit erfreut, wo die Tendenz zur Monetarisierung in immer größeren Lebensbereichen Platz greift. Zunehmend sind in unserer modernisierten Moderne alle Bevölkerungsgruppen (mit Ausnahme ganz kleiner Kinder und alter Menschen) unter dem Druck, die Zeit ökonomisch zu nutzen.

Der beschleunigte Modernisierungsprozeß, dessen Kennzeichen die Zunahme von Flexibilität und Mobilität und in diesem Zusammenhang ein verstärkter Zwang zur individuellen Planung sind, macht Zeitmanagement im Rahmen modernisierter Lebensführung immer dringlicher. Wenn, wie zur Zeit in der Bundesrepublik, nur noch etwas mehr als 20% der Erwerbstätigen regelmäßige Arbeitszeiten haben, was wir in unserer Verwaltungssprache »Normalarbeitstag« nennen, dann gibt es überall Zeitmanagementprobleme. Konsequent ist deshalb die Formulierung in einer Seminarankündigung: »Der private Bereich muß ebenfalls in die gesamte Zeitwirtschaft miteinbezogen werden«. Alle, nicht nur die arbeitenden Individuen, werden in der verschärften Moderne gezwungen, zeitökonomisch zu handeln. Die Anforderungen an die Zeitstrukturierungsfähigkeiten steigen. Die Entscheidungszwänge im Hinblick auf Zeitorganisation wachsen. Eine modernisierte Gesellschaft ist eine Gesellschaft von Zeit-Managern. Drei Millionen Zeitplanbücher schleppen deutsche Führungskräfte täglich mit sich herum, und auch für den Nachwuchs wird bereits das Material bereitgestellt: Schüler-Timer (erst die Hausaufgaben, dann ...), Studenten-Timer sind ebenso im Angebot, wie neuerdings auch Timer für die Hausfrau. Der Markt blüht. Wir leben um die Wette.

Man kann aber auch ohne Zeitplanung leben und sich Zeit für Robert Musils »Mann ohne Eigenschaften« nehmen. Bei der Lektüre könnte man auf eine Erkenntnis stoßen, die etwas nachdenklicher macht: »Sie waren besorgt, daß sie nicht für alles Zeit hätten, und erkannten nicht, daß 'Zeit haben' eben bedeutet, daß man nicht für alles Zeit hat.«

»Beklagenswert, wer sich verschworen,/Er hat noch niemals Zeit verloren./Bekenn er lieber, unumwunden:/Er hat noch niemals Zeit gefunden.« (E. Roth)

*

Zeitmanagement – das einerseits heute immer notwendiger wird – erfüllt andererseits seine Versprechen, die es so attraktiv machen, nicht.

Diese These gilt es zu begründen:

All die konfektionierten Angebote für Eilige und Gehetzte – ob in Seminar-, Kalender- oder Buchform –, sie werben alle mit dem Erfolgsversprechen: »Wer seine Zeit im Griff hat, hat Zeit.«

So ist es nicht. Am Ende aller Anstrengungen, die Zeit bis ins kleinste zu organisieren, steht immer die erfolglose Suche nach der gewonnenen Zeit. Warum?

Erstens: Es ist eine realitätsverleugnende Anmaßung, von »meiner/seiner/ihrer Zeit« zu sprechen. Vorausgesetzt wird dabei ein Besitzverhältnis des Menschen zur Zeit. »Zeit«, so ein führender Trainer des Zeitmanagements, »ist das wertvollste Gut, das wir besitzen«, und daraus folgt die Konsequenz: Es muß damit sparsam und pfleglich umgegangen werden. Das Anmaßende liegt in dem für die Industriegesellschaft typischen Gestus, sich gegenüber allem, besonders gegenüber der Natur, als Herr und Besitzer zu verhalten. Zeit jedoch ist nicht eigentumsfähig – wäre sie das, könnten wir uns das ewige Leben erkaufen (es soll ja welche gegeben haben und immer noch geben, die das versuchen). Das Zeitmanagement ist daher eine Illusionsveranstaltung mit dem Ziel, die Zeit zur Ware zu machen. Thomas Mann läßt Hans Castorp daher im »Zauberberg« von der »lästerlichen Zeitwirtschaft«, einem schlimmen »Getändel mit der Ewigkeit« sprechen.

Zeit an sich ist überhaupt nicht knapp, und die Zeit vergeht auch nicht. Vielmehr vergehen wir in der Zeit – das aber verdrängen wir gerne dadurch, daß wir die Zeit vergehen lassen. Sie wird von den Ökonomen knapp gemacht, indem sie als »wertvolles Kapital« definiert wird. Nur mit Hilfe dieser eingeschränkten und verzerrten Sichtweise läßt sich die im Zeitmanagement veranstaltete Jagd nach den »Zeiträubern« überhaupt legitimieren. Wir werden erzogen und daran gewöhnt, mit der Zeit wie mit einer Sache, einer inhaltsleeren Sache umzugehen. Wir besitzen sie oder besitzen sie nicht, wir teilen sie ein, wir verkaufen sie und besorgen sie uns, wir treiben Handel mit ihr.

»Zeit ist die knappste Ressource, und wer sie nicht in den Griff bekommt, wird auch mit allem anderen nicht zurechtkommen.« (P. Drucker, Managementtheoretiker)

In solchen oder ähnlichen Aufforderungen zur Zeitdisziplinierung (die ja nicht neu sind) wird die ökonomische Moral zur Selbstverständlichkeit gemacht, daß die gesamte Schöpfung letztlich ein Kauf- und Verkaufsprozeß sei, der nur strategisch gesteuert und planend realisiert werden müßte, um erfolgreich zu sein. Zwei jederzeit nachprüfbare Realitäten werden dabei unterschlagen:

Zeitmanagement ist auf die Erhöhung des Güterwohlstandes und dessen Dringlichkeitsdynamik ausgerichtet. Dieser Wohlstand ist bisher immer (und notwendigerweise) mit einem Anwachsen des Zeitnotstandes erreicht worden.

Der Nutzen des »Nutzlosen« wird im Zeitmanagement ignoriert, zumindest aber unterschätzt.

Zeit kann man letztlich nicht »haben«.

Zweitens: »Die Zeit ist die formale Bedingung a priori aller Erscheinungen überhaupt«, wie man bei Kant in seiner »Kritik der reinen Vernunft« nachlesen kann. Die Zeit ist dem Menschen vorausgesetzt (sie war ja auch bereits vor ihm da). Die Zeit »arbeitet« (wenn sie denn überhaupt »arbeitet«) am Menschen und nicht für ihn.

Er kann sie nicht »in den Griff bekommen«. Bedient man sich dieser zweifelhaften Formulierung, dann ist das Gegenteil viel eher Realität: Die Zeit hat die Menschen »im Griff«. Diese Wirklichkeit aber scheint für den sich zum Unternehmer der eigenen Zeitgestaltung stilisierenden Menschen kränkend zu sein. So legt er sich die Fiktion zurecht, er könne eine Gegenherrschaft zur Zeit aufbauen. Dabei verfällt er der Illusion, daß er, je mehr er sich »zum Herren der Zeit« aufschwingt, umso breiter über die Zeit verfügen könne. Dieser faustische Anspruch macht ihn zum rastlosen, zum gehetzten Menschen, der den Pakt mit dem Teufel sucht und der Entzugserscheinungen riskiert, wenn Zeit einmal einfach »da« ist.

Wer die Zeit »in den Griff« bekommen will, muß scheitern

und wird sich statt dessen selbst »in den Griff« nehmen. Zeitmanagement ist daher nichts anderes als ein Kursus zur Selbstbeherrschung, und diese wiederum findet ihre Erfüllung dort, wo die Teilnehmer sich selbst in eine Präzisionsuhr verwandeln. Es ist der zwingende Blick auf sich selbst, den man im Zeitmanagement lernt. Ein jeder ein »Zeit-Polizist« seiner selbst – das ist das Ziel aller einschlägigen Anstrengungen, die durch die Zwillingsphantasie von Ordnung und Allmacht gespeist werden. Vergessen aber wird die Lehre des »Zauberlehrlings«: Das Beherrschen der Zeit führt zum Beherrschtwerden durch die vermeintlich beherrschte Zeit.

»Unbedingte Tätigkeit macht zuletzt bankerott«, reflektiert Goethe.

Wie gewonnen – so zerronnen.

Drittens: Die »Wenn-dann-Logik« des Zeit-Managements: »Wenn ich die Zeit im Griff habe, dann habe ich Zeit«, stimmt nicht. Logisch, weil sie auf den vorher genannten fehlerhaften Unterstellungen aufbaut. Praktisch, weil man die Zeit, die man durch die Beherrschung der Zeit zu gewinnen glaubt, u.a. durch das Management der Zeit wieder verliert. Der auffällige Sachverhalt, daß jene die wenigste Zeit haben, die sich durch Zeitmanagement Zeit verschaffen, demonstriert dies überzeugend. Alles was ich »um zu« mache, macht mich zum Kaufmann. Termine und Fristen – so Luhmann – sind institutionalisierte Ausreden. Termine erzeugen Termine. Je enger das durch die Zeitrationalität geknüpfte Netz, umso gravierender die Störung, so daß das Zeitmanagement viele jener Probleme erst erzeugt, die es zu lösen verspricht. Wer in der Zeitordnung der Natur und der Gesellschaft lebt, braucht Zeitordnung nicht herzustellen. Und wer Zeitordnung herstellen will, benötigt dazu Zeit.

Die gegenüber den natürlichen und gesellschaftlichen Vorgaben gewonnene Souveränität wird erkauft durch den

Zwang zur permanenten Zeitplanung, bei der man schließlich mit sich selbst Termine machen muß. Ein solches Leben nach dem Drehbuch macht den Zeitdruck immer aufdringlicher, je mehr Zeit in den kalkulatorischen Blick gerät, bis schließlich das Leben zu einer fortwährenden Ablenkung wird, »die nicht einmal zur Besinnung darüber kommen läßt, wovon sie ablenkt«. (Kafka)

Je mehr wir Zeit planen, umso geringer wird unser Gestaltungsrahmen. Denn über Zeit zu reden (und diese zu kalkulieren) braucht Zeit. Deshalb müssen wir immer häufiger über Zeit reden. Und dann merken wir, daß es nie genug Zeit gibt, um über Zeit nachzudenken und Zeit zu planen. Wir erhöhen unsere Zeitnot, indem wir uns mit unserer Zeitnot beschäftigen. Das Management der Zeit gleicht dem Kampf mit der Hydra, jenem Ungeheuer, dem für jeden abgeschlagenen Kopf zwei neue nachwachsen.

Der Münchhausen-Trick, sich am eigenen Zopf aus dem Sumpf ziehen zu können, der ist auch im Falle des Zeitmanagements eine schöne Geschichte, die aber nicht von der Realität, sondern von der Sehnsucht nach einer anderen Realität lebt.

Plautus hat das bereits 200 Jahre vor Christus gewußt: »Die Götter verwünschen den Menschen, der als erster die Stunden zu unterscheiden erlernte! Verwünscht sei auch derjenige, der an diesem Ort eine Sonnenuhr aufstellte und dadurch meine Tage elendiglich in kleine Stücke schneidet und zerhackt.«

Aber es gibt einen Lichtblick: Auch der vielbeschäftigste Manager hat noch genügend Zeit, uns allen, d.h. denen, die es hören wollen und auch jenen, die es nicht hören wollen, immer wieder zu erzählen, daß er vielbeschäftigt ist.

Viertens: Die durch Zeitmanagement »gewonnene Zeit« ist

keine freie Zeit. Das Zeit-Bewirtschaftungsprinzip ist das vorausgesetzte Prinzip, und dieses beherrscht damit auch alle jene Frei-Zeit-Räume, die man der Bewirtschaftung durch Bewirtschaftung zu entziehen versucht. Freizeit läßt sich planen, freie Zeit nicht. Das Maß, der durch Zeitmanagement »gewonnenen« Freizeit bleibt dem Faktor Profit verhaftet. Freie Zeit ist so immer nur Freizeit, d.h. nach kalkulatorischen Prinzipien gewonnene Zeit (konsequenterweise wird sie daher auch ökonomisch, d.h. zum Konsum genutzt). Der am Nutzen orientierten »Um-zu-Logik« entkommt man so nicht. Die exakte Buchführung der Zeit steht jedem Zufälligen und allem Kreativen im Wege.

Drastisch schildert Friedrich Schlegel die Folgen: »… der Fleiß und der Nutzen sind die Todesengel mit dem feurigen Schwert, welche dem Menschen die Rückkehr ins Paradies verwehren. Nur mit Gelassenheit und Sanftmut, in der heiligen Stille der echten Passivität kann man sich an sein ganzes Ich erinnern und die Welt und das Leben anschauen.«

Die Stunden, die zählen, sind die Stunden, die nicht gezählt werden. Das sicherste Mittel, am Leben vorbeizuschlittern ist, sich das Leben zeitlich zu verplanen, denn »wer sucht, findet nicht, aber wer nicht sucht, wird gefunden« (Kafka). Die Zeit besiegen wir in unserem überflüssigen Kampf gegen sie nie; und alle, die das bisher versucht haben, mußten oder müssen doch irgendwann das Zeitliche segnen.

Das Zeitmanagement macht uns zu Gefangenen unseres Wunsches, jede Minute voll auszunutzen. Und genau dieser Wunsch und dessen versuchte Realisierung hindern uns daran, mehr als nur das, was man planen kann, zu erhalten. Die Sucht nach dem Zeitreichtum macht uns immer ärmer an Zeit. Nicht die große Freiheit erwartet uns nach erfolgreichem Zeitmanagement, sondern die Diktatur des Terminkalenders. Dieser, das erlebt jeder Vielbeschäftigte täglich, macht aus uns Fänger und Gefangene in einer Person. Ein konsequenter Zeit-Manager ist jemand, der sich – so Elias Canetti – »an jeder Ecke selbst verhaftet«. Robert Musil hat das in seinem Theaterstück »Die Schwärmer« deutlich formuliert: »Wenn man alles vorhersieht, will und eintreffen macht: – das macht nicht glücklich (…). Aber glücklich *kann* man nur durch etwas Unberechenbares sein; durch etwas Unvorhergesehenes; das einem gerade so einfällt und da ist und vielleicht gar nicht richtig ist.« Das Glück kommt nur zu jenen, die warten können.

*

Es sind diese vier Gründe, die die am Beginn formulierte These absichern, daß das Zeitmanagement mit seinem Versprechen, die Probleme der Zeitnot zu lösen, tiefer in sie hineinführt. Zeitmanagement ist im besten Falle eine glanzvolle Sackgasse, an deren Ende ein Gehetzter flehentlich bittet: Man gebe mir Geduld, aber subito! Anders formuliert: Zeitknappheit resultiert nicht aus dem Sachverhalt zu geringer Zeitplanung, sondern, im Gegenteil: Sie ist Effekt eines »erfolgreichen« Zeitmanagements. Dieses treibt die Verdichtung zeitorganisatorischer Regelungen weiter voran. Die Zeit gilt nur dann als gut genutzt, wenn sie genutzt wird.

Man kann sich nicht des Eindrucks erwehren, daß »Zeit-Management« in erster Linie etwas für Menschen ist, die von der Furcht umhergetrieben werden, etwas zu verpassen. Zeit »gewinnen« aber nur jene, die die Angst verlieren, sie würden den Anschluß versäumen. Wer die Zeit nicht zum Gegner, sondern auf seiner Seite hat, der muß sich nicht mehr fürchten. Was ist es denn, was wir versäumen? Es ist häufig besser, keine Zeit zum Zeitmanagement zu haben, als die Zeit zu managen. Nur ohne Termindruck ist man das, was man nie sein kann: »Herr der Zeit«.

Zeitmanagement hat gefüllte, nicht erfüllte Zeit zum Zweck. Die kleinteilige Zeitordnung und der möglichst große Zeitgewinn nämlich sind dessen Ziel. Zeitgewinn und Zeitordnung jedoch, so die Suggestion, sind die notwendigen Bedingungen, um die anfallenden und die beabsichtigten Dinge besser zu tun. Aber kommt es nicht eher darauf an, die besseren Dinge zu tun? Die Zeit besser zu nutzen, das heißt sie besser zu füllen – aber mit was, das ist doch die entscheidende Frage fürs Leben (generell) und für die Arbeit (speziell). Unter dem Druck der Beschleunigung wird alles Langfristige, alles Schwierige, alles Widerstrebende vertagt oder umgangen (und manche delegieren es). Inhaltsleere Betriebsamkeit und flacher Erfolgsdruck sind nur allzuhäufig die absehbaren Effekte von Zeitmanagementseminaren. Horaz hat dafür die treffenden Worte gefunden: »Wie Hampelmänner zappeln wir an fremden Drähten«.

Je mehr Zeit wir gewinnen und organisieren, umso mehr Zeit haben wir, um noch mehr Zeit zu gewinnen und zu organisieren. Die Innovationen im EDV-Bereich zeigen dies deutlich: Zeitgewinn ist das Ziel – und kein Gedanke darüber, was mit der gewonnenen Zeit anzufangen wäre. Die vom konkreten Inhalt losgelöste Zeit (als Gegenstand des Managements) ist identisch mit dem vom konkreten Inhalt losgelösten Geld (das ja auch nur in seltenen Fällen glücklich machen soll). Von diesem schreibt der junge Marx, daß es die »allgemeine Verwechslung und Vertauschung aller Dinge ..., die Verwechslung und Vertauschung aller natürlichen und menschlichen Qualitäten« sei. Zeitmanager machen sich zum Zirkulationsobjekt zwischen den Geld- und den Warenströmen.

*

Was Georg Simmel für das Geld formulierte, gilt auch für die abstrakte Zeit des Zeitmanagements. Zeit ist »eben nur die

Brücke zu definitiven Werten, und auf einer Brücke kann man nicht wohnen«. Das Leben, und darauf baute ja bereits die antike Ethik auf, besteht aus Praktischem *und* Beschaulichem und aus Genuß. Zeitmanagement mag für den praktischen Teil Hilfe anbieten, nicht jedoch für die beiden übrigen. »Man kann nur leben, indem man oft genug nicht macht, was man sich vornimmt« (Canetti), denn (Zeit-) Ordnung ist das halbe Leben – die andere Hälfte ist nicht ganz so ordentlich.

Wie dies geschehen kann, lehrt uns das Grimmsche Märchen vom goldenen Schlüssel: »Zur Winterszeit, als einmal ein tiefer Schnee lag, mußte ein armer Junge hinausgehen und Holz auf einem Schlitten holen. Wie er es nun zusammengesucht und aufgeladen hatte, wollte er, weil er so erfroren war, noch nicht nach Haus gehen, sondern erst Feuer anmachen und sich ein bißchen wärmen. Da scharrte er den Schnee weg, und wie er so den Erdboden aufräumte, fand er einen kleinen goldenen Schlüssel. Nun glaubte er, wo der Schlüssel wäre, müßte auch das Schloß dazu sein, grub in der Erde und fand ein eisernes Kästchen. – Wenn der Schlüssel nur paßt! dachte er. Es sind gewiß kostbare Sachen in dem Kästchen. Er suchte, aber es war kein Schlüsselloch da, endlich entdeckte er eins, aber so klein, daß man es kaum sehen konnte. Er probierte, und der Schlüssel paßte glücklich. Da drehte er einmal herum, und nun müssen wir warten, bis er vollends aufgeschlossen und den Deckel aufgemacht hat, dann werden wir erfahren, was für wunderbare Sachen in dem Kästchen lagen.«

Das Überraschende – Chance und Risiko zugleich – finden wir erst dann, wenn wir nicht nur das machen, was wir uns vornehmen. Wenn wir uns von dem Zwang befreien, die Zeit managen und kontrollieren zu müssen. Das goldene Schlüsselchen entdeckt nur, wer es *nicht* sucht. Es wird nur von denjenigen gefunden, die dem gesellschaftlichen Druck standhalten und ihr Leben nicht zum Termingeschäft machen. Diese märchenhafte Verarbeitung unser aller Sehnsucht nach dem Glück, von dem wir aber auch dann noch nicht wissen, ob es sich als solches herausstellt, wenn wir uns auf dem Wege zu ihm zu befinden glauben, das ist ein treffliches Bild für jenen Fortschritt, den zu befördern wir uns tagtäglich anstrengen. Von dem wir aber nicht immer wissen, ob es einer ist, ob wir ihn erreichen oder ob das, was wir Fortschritt nennen, sich über kurz oder lang nicht etwa doch als Rückschritt herausstellt.

Wer wissen will, was »Zeit« ist, was sie »bedeutet« und wie man mit und in ihr leben kann, muß sich von ihr distanzieren, um sie zu erkennen. Er muß es aber mit der Erwartung tun, daß dies ziellos ist. »So Gott will und wir leben.«

Und dabei nicht vergessen: »Die Leute, die niemals Zeit haben, tun am wenigsten.« (Christoph Lichtenberg)

Die Perle

»Der Gelbe Kaiser reiste nordwärts vom Roten See, bestieg den Berg Kun-lun und schaute gegen Süden. Auf der Heimfahrt verlor er seine Zauberperle. Er sandte Wissen aus, sie zu suchen, aber es fand sie nicht. Er sandte Klarsicht aus, sie zu suchen, aber sie fand sie nicht. Er sandte Redegewalt aus, sie zu suchen, aber sie fand sie nicht. Endlich sandte er Absichtslos aus, und es fand sie. ›Seltsam fürwahr‹, sprach der Kaiser, ›daß Absichtslos sie zu finden vermocht hat.‹«

Reden und Gleichnisse des Tschuang Tse

Rennt dem scheuen Glücke nach!
Freunde, rennt euch alt und schwach!
Ich nehm Teil an eurer Müh:
Die Natur gebietet sie.
Ich, damit ich auch was tu, –
Seh euch in dem Lehnstuhl zu.

Gotthold Ephraim Lessing

Der Rhythmus

»Vom pulsierenden Leben«

>Denn wir leben wahrhaft in Figuren.
Und mit kleinen Schritten gehn die Uhren neben unserm
eigentlichenTag.«
Rilke

Michel Serres, ein sensibler, genau beobachtender, französischer Philosoph, hat die Entwicklungen, präziser: die Fehlentwicklungen der Moderne in pointierter Art und Weise resümiert: »Zuviel Lärm, zuwenig Rhythmus, keine Melodie«. Das ist zweifelsohne eine übertrieben kulturkritische Sichtweise, aber sie benennt eine Tendenz, für die es genügend Belege gibt. Der Rhythmus als eines der zentralen Entwicklungsprinzipien des Lebendigen, als Orientierungskategorie für das, was wir das rechte Zeitmaß nennen können, dieser Rhythmus ist gegen die entwicklungsdynamische Signatur der Moderne gerichtet. Im Projekt »Moderne« sind die Rhythmen, diejenigen der äußeren Natur und jene, die die sozialen Gemeinschaften zusammenhalten, in die Defensive geraten. Nicht zuletzt, weil unser aufklärerisches Tun und Streben mit einer höchst problematischen und notwendigerweise illusionären Befreiung von den als einschränkend erlebten Bedingungen innerer und äußerer Natur einherging. Entrhythmisierung ist das Programm der sich aufgeklärt wähnenden Industriegesellschaft, an dem wir das, was üblicherweise »Fortschritt« genannt wird, festmachen.

Für die Zeitlogik der hochtourigen Moderne gehören die Rhythmen zu den Schattenseiten, die, wie der Kampf gegen die Nacht und den Tod es ja allerorten zeigt, der zu überwindenden Vormoderne zugerechnet werden. Die Natur funktioniert nicht so schnell wie die Banken dies erwarten – jeder Öko-Bauer kann davon ein Lied singen. In dieser Konsequenz wird es z.B. als Erfolg gefeiert, wenn es gelingt, die endogenen Zeitprogramme (die inneren Uhren) bei den

Tieren, den Pflanzen und auch beim Menschen zu eliminieren.

Bereits vor der Entwicklung der gentechnologischen Möglichkeiten – aber insbesondere durch diese – wurde die bisher gültige Beschränkung aufgehoben, die auf der Annahme basierte, daß sich die Reproduktionszeiten der Natursubstanzen nicht beliebig beschleunigen lassen. Inzwischen wurden vielerlei Möglichkeiten gefunden, natürliche Produktion und Reproduktion in ihren Abläufen zu beeinflussen. Tiere, tierische Produkte, Pflanzen und deren Früchte sind diesem Angriff auf ihre je eigenen Zeiten (Rhythmen) ausgesetzt. Die Zeitabhängigkeit von Entwicklungsvorgängen wurde zum Ziel von profitorientierten Manipulationen.

Die Beschleunigung von Reifeprozessen geschieht inzwischen weltweit und weitgehend unabhängig vom Rhythmus der Jahreszeiten. Das Ergebnis, das man nur schwer als Erfolg bezeichnen kann, läßt sich nicht verheimlichen: Wir schmecken es beim Käse, beim Wein, bei den Tomaten, beim Fleisch, das nicht genügend abgehangen ist, beim Bier, bei dem der Brauvorgang verkürzt wurde und auch beim Brot, dem der inzwischen entwickelte Schnellsauerteig zugesetzt wurde. Wenn etwas wirklich reift, dann dauert es uns zu lange. Karl Valentin hat dies zu der nachdenkenswerten Bemerkung veranlaßt, daß es heute eigentlich keine alten Menschen mehr gibt, und jene, die es noch gibt, so der philosophierende Komiker, die sind alle von früher.

»Alles zu jeder Zeit und überall« ist das ökonomische Prinzip, das zur Zeitstandardisierung und zur kleinteiligen Zeitkontrolle führt und das inzwischen auch für alles Lebendige in Anspruch genommen wird. Es entfernt uns immer weiter von der Natur und deren Zeitmuster.

Dort, wo das Leben wie eine abzuarbeitende Checkliste gelebt wird, wo das Lebendige als störendes Element gilt und wo unser Bemühen primär darauf gerichtet ist, die »instru-

mentelle Codierung des Körpers« (Foucault) zu vervoll-
kommnen, dort hat der Takt, das ist das Zeitmuster des Mechanischen, mehr Chancen als jene lebendige Logik, die wir
Rhythmus nennen. Mit dem offensichtlichen Ergebnis, daß
unsere Orientierungsprobleme in dieser Welt größer und
nicht geringer geworden sind. Denn der Rhythmus, so läßt
sich dies im »Wörterbuch der deutschen Gegenwartssprache« nachlesen, ist ein »gleichmäßiger, harmonischer, sich regelmäßig wiederholender, systemhaft gegliederter Bewe-
gungsablauf«. Er ist die lebendige Variation des Identischen.
Er ist »Ordnung« und »Lauf« und »freier Fluß« zugleich. Er
ist nicht starr. Es bleibt offen, inwieweit der Rhythmus als
gestaltendes Element »einengt« oder »eröffnet«. Er dynamisiert und gliedert die Zeit, zerteilt sie aber nicht – wie der Takt
dies tut. Er ist eine Grundeigenschaft aller Organismen und
aller sozialen Welten. Die Rhythmen sind als Botschaften der
Natur und als soziale Konfigurationen Orientierungspunkte,
die wir alle haben, die wir brauchen und die wir doch immer
wieder suchen.

*

»Unser Land ist arm an Rhythmus«, schreibt Fellini in den
konzeptionellen Vorüberlegungen zu seinem Film »Orche-
sterprobe«. Und wenn das für Italien gilt, wieviel mehr für
uns, die wir dorthin fahren, um uns von unserer vertakteten
Welt zu erholen. Unser materieller Wohlstand ist durch einen
Zeitnotstand erkauft, und dieser Zeitnotstand ist letztlich
nichts anderes als die Entrhythmisierung unserer Lebensvoll-
züge und unserer Lebensumstände. Oftmals sind es trügeri-
sche Zeitgewinne, die wir feiern. Durch Zeitkontrolle, Tem-
posteigerung, Standardisierung und Manipulation von
»lebendigen« Zeiten kommen Effekte zustande (die wir gerne
»Nebenwirkungen« nennen, obgleich sie häufig die

»Hauptwirkungen« sind), die uns spüren lassen, daß wir einen hohen Preis für unser Streben bezahlen, uns von der Natur und deren Rhythmen zu befreien.

Die Suche nach den rechten Zeitmaßen wird daher heute immer drängender und immer dringlicher. Wir finden diese nicht in den von außen angelegten (z.B. an ökonomischen Prinzipien orientierten) Meßwerten und Maßstäben. Wenn uns an der Erhaltung der Menschheit und dem, was sie an Kulturleistungen geschaffen hat, gelegen ist, dann müssen wir die rechten Maße im Lebendigen suchen und auch dort finden. Nur dann ist auch gewährleistet, daß die Natur nicht zurückschlägt und uns für unsere Maßlosigkeit bestraft, für das, was die Griechen als »Hybris« bezeichneten. Die Suche nach dem rechten Maß beinhaltet notwendigerweise die Frage nach dem Angemessenen, nach den Gleichgewichten zwischen den dynamischen Verhältnissen, in denen sich die Rhythmen der Lebensvorgänge gestalten. »Heute«, so Georg Picht in seinem Essay »Zum Begriff des Maßes«, »haben wir zu lernen, daß die Befreiung aus einer bestimmten Ordnung der Maßverhältnisse uns nicht von dem Gesetz entbindet, daß Leben nur in Maßen möglich ist. (…) es läßt sich lernen, daß das menschliche Leben an die Einhaltung von Maßverhältnissen gebunden ist, die menschlicher Verfügungsgewalt entzogen sind und von den Menschen selbst nicht gesetzt werden können. Die Erhaltung der Menschen hängt dann davon ab, ob sie fähig sind, die ihnen unverfügbaren Maßverhältnisse der Natur zu erkennen und sich in sie zu schicken.« Denn, »wer die Natur beherrschen will« – so Francis Bacon – »muß ihr gehorchen«. Das angemessene, das maßvolle Handeln findet seine Maxime und Prinzipien in den Dingen, in den Sachen, in den Lebewesen selbst. Nur so verzeitlicht und verortet es sich qualitativ und stößt dabei auf Kriterien für das maß-volle »Genug«.

Man verliert hingegen das rechte Maß, wenn dieses, losge-

löst von natürlichen Prozessen, allein administrativ hergestellt und verordnet wird; mit dem bedrohlichen Effekt, die
lebensnotwendige Verbindung von Individuum, Gesellschaft
und Natur zu unterbrechen. Basis dafür ist das Grundver-
ständnis, daß der Mensch Teil der Natur ist, daß er durch
seine Leiblichkeit in die natürlichen Prozesse untrennbar eingebunden ist – mag dies auch dem aufklärerischen Unabhän-
gigkeitsstreben der Neuzeit widersprechen. Aber wenn wir
unser wachsendes Wissen über die Natur und deren Dynamiken nicht in eine naturgerechte Handlungs- und Lebensweise
umsetzen, dann macht die Zivilisation nur sehr geringe Fort-
schritte.

*

Zeit kann man erst verstehen, wenn man sich als Natur in der
Natur begreift, wenn man Entwicklung erlebt und versteht.
Erst das Wissen um die Zeit der Natur macht uns zu Wissen-
den im Hinblick auf die Natur der Zeit. Die Rhythmen sind,
so gesehen, die Schöpfer von Zeit. Zeit erhält durch die
Rhythmen von Natur und Gesellschaft ihre Bedeutung und
ihre formale Ausprägung. Es ist der Rhythmus, der die »Zeit«
macht, die Uhr mißt sie nur. Nicht die Uhr, sondern das
rhythmisch pulsierende Herz bleibt stehen, wenn wir sterben.

Aber nicht nur die Natur, auch unsere gesellschaftlichen
und kulturellen Errungenschaften leben durch ihre Rhythmik. »Die Architektur ist nur ein Steinhaufen, die Statue nur
Material, die Prosa bloßer Lärm; und die Redekunst fällt zurück in Unsinn und Langeweile, wenn ihr der Rhythmus und
das Auf und Ab der Betonung fehlen.« (Serres)

Wir ordnen unser Leben und unsere sozialen Ereignisse
immer noch nach rhythmischen Prinzipien, obgleich wir auf
dem nicht unbedingt besten Wege sind, uns von ihnen zu lö-

sen. Wir schlafen nachts und sind tagsüber aktiv, wir leisten uns (glücklicherweise noch immer) arbeitsfreie Wochenenden, und wir verbringen mehrheitlich unseren Winterurlaub im Schnee und nicht auf der sommerlichen anderen Welthälfte. Aber alles dies ist nicht mehr so eindeutig wie früher. Die Prägekraft der Zyklen, der Rhythmen für unsere gesellschaftliche Ordnung nimmt ab. Immer mehr Menschen erleben diese naturnahe Strukturierung unseres Alltags als behindernde Einschränkung. Gesellschaftliche Entrhythmisierung – als Flexibilisierung beschönigt – steht auf dem Programm. Mit welchem Ergebnis, mit welchen Folgen?

»Sie sägten die Äste ab, auf denen sie saßen/Und schrieen sich zu ihre Erfahrungen/Wie man schneller sägen konnte, und fuhren/Mit Krachen in die Tiefe, und die ihnen zusahen/Schüttelten die Köpfe beim Sägen und/Sägten weiter.« (Bertolt Brecht)

*

Eine dreifache phasische Gliederung bietet sich bei dem Versuch an, die historische Entwicklung unseres individuellen und gesellschaftlichen Verhältnisses zu der natürlichen Rhythmizität systematisch darzustellen.

Die erste Phase, sie soll hier »*Vormoderne*« genannt werden, ist gekennzeichnet durch eine enge Verbindung des gesamten Lebens – speziell aber auch der Arbeitszeit – mit den Dynamiken der Natur. Natürliche Zyklen bestimmen den Lebensrhythmus (z.B. Wechsel der Gestirne, Ebbe – Flut, Regenzeiten-Trockenzeiten, Tag-Nacht usw.). An ihnen werden kulturelle und soziale Ereignisse festgemacht. Bäuerliche Traditionen, die besonders eng an Naturvorgängen orientiert sind, bestimmen das soziale Leben und das Zeitbewußtsein. Man lebt in der Natur und mit der Natur, geht mit den Hühnern schlafen und steht beim ersten Hahnenschrei wieder auf.

Bei diesem Blick auf das Vergangene darf man sich jedoch nicht zu idyllischer Verklärung verführen lassen. Die Naturnähe war auch zwangsläufig mit all jenen Dramatiken verbunden, in die eine nicht beherrschte und nicht beherrschbare Natur die damals lebenden Menschen miteinbezog. Hungersnöten, Überschwemmungen, Trockenheiten war man ausgeliefert, und nicht wenige Lebewesen fielen der Natur zum Opfer. Die Menschen waren, in guten und in schlechten Zeiten, eins mit der Natur. Diese lieferte die Maßstäbe des Handelns und strukturierte die Wahrnehmung von Veränderungsprozessen. Die Rhythmen der Natur verorteten in Raum, Zeit und Gesellschaft. Sie waren die stabilisierenden Ordnungsprinzipien der Lebensführung.

Die zweite Phase, die der »Moderne«, ist dort zeitlich zu lokalisieren, wo die menschliche und die tierische Arbeitskraft durch Maschinen ergänzt und ersetzt werden. An die Stelle der rhythmisch gestalteten Produktivität der Natur tritt die Produktivität der industriell organisierten Arbeit. Die technisch-industrielle Produktion löst sich in ihren Zeitformen von der Natur.

Technik und Ökonomie setzen den Takt – die mechanische Wiederkehr des Gleichen – an die Stelle der rhythmischen Gliederung des Werdens und Vergehens. Nicht mehr natur- und aufgabenbezogene Rhythmik bestimmt das Leben, sondern die Eigendynamik des Ökonomischen und des Mechanischen. Zeit und Zeiteinteilung werden an das abstrakte Medium Geld gekoppelt. Die Zeit wird Gegenstand der Kontrolle, und dies mit dem Zweck, die Arbeitsprozesse profitabel zu beschleunigen. Der Takt wird zum alles beherrschenden Organisationsprinzip. Moderne Zeiten: Chaplin hat für dieses Leben auf die Minute die treffenden Bilder gefunden. Die Maschine liefert das Zeitmaß, an diesem gilt es, sich primär auszurichten und nicht mehr an den Rhythmen des Lebendigen.

Inzwischen jedoch zeigen sich die Grenzen der am mechanischen Takt orientierten zeitlichen Lebens- und Arbeitsform. Dies berechtigt dazu, die neueren Entwicklungen als eigenständige dritte Phase, als »Postmoderne« zu kennzeichnen. Unter den in unserer Gesellschaft positiv bewerteten Begriffen von »Flexibilisierung« und »Deregulierung« wird die Orientierung am Takt gelockert; dies aber nicht zugunsten einer Anbindung an rhythmische Prozesse. Vielmehr wird die Bindung an äußere Zeitgeber generell verringert. Die zeitlichen Orientierungsmaße werden immer häufiger individuellen Dispositionen anheimgestellt: Urlaubstage sind attraktiver geworden, Feiertage dafür weniger. Die Arbeitszeiten werden unregelmäßiger, die Zeitstruktur des Normalarbeitstages wird zur Ausnahme. Starre Zeitformen verflüssigen sich zugunsten punktueller und situationsbezogener.

Die Individuen werden gezwungen, selbst darüber zu entscheiden, an welchen Zeitmaßen sie ihr Leben ausrichten. Sie werden zu dieser Freiheit verpflichtet. Beispielsweise besteht unser Alltag immer weniger aus Anpassungsleistungen an Zeitvorgaben der Natur und auch nicht an diejenigen einflußreicher Personen und sozialer Organisationen, dafür mehr aus komplizierten Entscheidungs- und Abstimmungsprozessen im Hinblick auf zeitliche Koordination. Das »kostet« Zeit – manchmal mehr Zeit, als wir durch Arbeitszeitverkürzung und Beschleunigungsprozesse »gewonnen« haben. So kommt es zu dem lästigen Zustand, daß man immer mehr Zeit braucht, um mehr Zeit zu haben. Auch dies ein Fortschritt, der nur halb so groß ist, wie er aussieht. Die Freiheiten nämlich, die in der Lockerung von der Anbindung an die taktförmigen Organisationsvorgaben enthalten sind, können dann nicht genutzt werden, wenn die Individuen nur die abstrakte Freiheit der Wahl ihrer Zeit-Maßstäbe haben, für die Entscheidung, an welchen sie sich schließlich orientieren, aber keine Kriterien besitzen. Wir wissen: Morgen geht gestern nicht weiter. Aber wir wissen nicht: Wie soll's weitergehen? Orientierung ist nötig. Zunehmend wird dieser Bedarf auch angemeldet. Der rasch expandierende Beratungs- und Bildungsmarkt profitiert davon. Mit der Folge, daß inzwischen auch dort die Orientierungsprobleme massiv wachsen. Immer mehr besteht unser Leben aus stetem Umherirren und der Suche nach den rechten Maßen. Gefunden werden könnten sie in den Rhythmen der Natur. Sie könnten sichern, daß die postmoderne Tendenz der Befreiung vom Takt nicht nur *gegen* unsere eigene Natur und *gegen* die Natur um uns herum genutzt würde. Die Orientierung am Rhythmus wäre eine an die Ordnung des Lebendigen bindende Freiheit. Diese könnte uns von unserer unablässigen und belastenden Wanderschaft zwischen den unverbundenen Zeitanforderungen (wenigstens teilweise) entlasten. Wir brauchten dann weniger Zeitmanagementseminare, weniger Zeitplanbücher, und bekämen dafür mehr Zeit für uns und die sozialen Gemeinschaften, durch die und mit denen wir leben.

Nicht in der weiteren Steigerung zeitlicher Wahl- und Handlungsmöglichkeiten besteht der wirkliche Fortschritt, sondern in der Entwicklung von Urteilsfähigkeit im Hinblick auf Zeitmaße, die psychisches und physisches Wohlbefinden gewährleisten, die die Belastungen innerer und äußerer Natur verringern, und die die sozialen Gemeinschaften stabilisieren. Dann auch bestünde Entwicklung nicht mehr im permanenten *Überschreiten der Maße*, dann würde das Fortschreiten und würden auch wir nicht maßlos sein. Die Möglichkeiten unserer Freiheiten wären durch die Einsicht in die Notwendigkeiten in produktiver Art und Weise eingeschränkt.

Das Plädoyer liegt auf der Hand. Bevor wir, wie so häufig, viele Risiken eingehen, bevor wir unwissend und ignorant die kritischen Punkte austesten, bevor die Folgen irreversibel werden, sollten wir auf die Rhythmen innerer und äußerer Natur achten. Wir sollten sie zur Handlungsmaxime machen, wenn es um die Gestaltung unseres individuellen und unseres sozialen Lebens geht, insbesondere dann, wenn wir Orientierung und Sicherheit suchen. Allzuhäufig wissen wir vorher nur, daß wir hinterher mehr wissen – und selbst das ist vielfach ungewiß. Zumindest sollten wir uns bei Eingriffen in die Natur und die Gesellschaft genügend Zeit zum Bilanzieren der Effekte lassen. So könnte verhindert werden, daß die Abfolge von Versuch und Irrtum nicht zu unseren Lasten unverantwortlich beschleunigt und tendenziell außer Kraft gesetzt wird, damit wir zwischen dem Machbaren und dem Verantwortbaren unterscheiden können.

Wir haben es inzwischen zu spüren bekommen: Auf der Flucht vor der Natur wird der Mensch von der eigenen Natur und jener um ihn herum wieder eingeholt. »Jeder Versuch«, so Adorno und Horkheimer in der »Dialektik der Aufklärung«, »den Naturzwang zu brechen, indem Natur gebrochen wird, gerät umso tiefer in den Naturzwang hinein.« Realisieren wir unsere Freiheiten nicht *auch* in der Orientierung am Notwendigen, sondern nur in der Ablösung davon, führt sie notwendigerweise zu erhöhter Abhängigkeit. Entrhythmisierung ist kein Fortschrittserfolg, da dieser nicht zu mehr, sondern zu weniger Freiheiten führt, weil die Bedingungen dieser Freiheit mißachtet werden. Das Ziel unserer Anstrengungen kann also nicht, wie in den Industriegesellschaften üblich, in noch mehr Kompensation der Entrhythmisierung und ihren Folgen liegen. Nicht kompensieren, sondern korrigieren, sollte auf unserem Wegweiser stehen.

Wenn z.B. bisher mehr als 150 biologische Rhythmen des Menschen, die an den Tag- und Nachtwechsel angekoppelt sind, bekannt wurden, so z.B. die Körpertemperatur, der Blutdruck, die Harnausscheidung, dann wäre doch keine allzugroße Überzeugungsarbeit notwendig, um diese Realität bei der Gestaltung unserer Lebens- und Arbeitsverhältnisse kontinuierlich zu berücksichtigen. Das Gegenteil ist leider heute der Fall. Da wurde jüngst ein Arbeitszeitgesetz verabschiedet, das noch mehr Nacht- und Wochenendarbeit zuläßt; das die Disponibilität des Menschen für wechselnde Arbeitserfordernisse erhöht. Da werden die Mobilitätsbedingungen so erweitert, daß das Durchqueren der verschiedenen Zeitzonen noch häufiger und noch rascher geschehen kann: Da wird das Nonstop zum Fetisch der modernisierten Moderne. Seit langem bereits haben wir das Sonnenzeitmaß, das der Uhr ihre Form gab, durch die elektrische Energie überlagert, obgleich unser Körper in seinen Reaktionen ganz elementar vom Sonnenlicht abhängig ist.

Daß der gesellschaftliche Rhythmus der Generationenabfolge mit fatalen Folgen beschleunigt wurde, wird heute immer deutlicher sichtbar. Wir planen mikro- und makropolitisch nicht mehr in Generationen, und wir orientieren uns auch nicht mehr an diesem traditionellen Maßstab. Die erheblich kürzere Maßeinheit der Legislaturperiode hat die der Generation ersetzt. Mit dem höchst problematischen Effekt, daß nur mehr in jedem sechsten Haushalt unserer Republik zwei und mehr Kinder leben. Die neuen Bundesländer haben inzwischen die niedrigste Geburtenrate der Welt. Völlig aus dem Blick geraten scheint der Sachverhalt, daß das Humanvermögen einer Gesellschaft primär durch die Leistungen der Familien begründet wird und daß wir familiärer Aktivitäten und Anstrengungen vom Beginn unseres Lebens bis zu dessen Ende bedürfen. Die Legislaturperiode ist ein auf administrativen Bedürfnissen basierender Maßstab, und dieser ist – wenn er als Ersatz für das menschliche Maß fungiert – extrem inhuman und lebensfeindlich.

Unsere ökologischen und sozialen Ungleichgewichte sind – so gesehen – Rhythmustörungen. Sie bedeuten überhöhten kollektiven und individuellen Energieaufwand. Die Mißachtung der Naturrhythmen verursacht immer schneller steigende und immer rascher zu realisierende Anpassungsanstrengungen. Ökologisch und auch ökonomisch ist dies höchst problematisch. Der Maßstab kurzfristiger Profitabilität führt ins arrhythmische Ödland. In diesem, so ist zu befürchten, verlieren wir neben der Orientierung an den Rhythmen auch noch die Sehnsucht nach einem Leben, in dem wir uns eins fühlen mit den temporalen Maßen des Lebendigen. Auch wenn wir diese »Suche nach der verlorenen Zeit« nur mehr sehr unvollkommen leben können, so finden wir doch in der Literatur die Erfüllung dieser Erwartung: Das Leben als polyrhythmische Erfahrung. Beispielhaft bei Proust, dort wo er die Sommerferien bei seiner Großtante in Combray genießt: »Aber ich mochte mich noch so lange vor dem Weißdorn aufhalten, ihn riechen, in meinen Gedanken, die nichts damit anzufangen wußten, seinen unsichtbaren, unveränderlichen Duft mir vorstellen, ihn verlieren und wiederfinden, mich eins fühlen mit dem Rhythmus, in dem sich seine Blüten in jugendlicher Munterkeit und in Abständen, die so unerwartet waren wie gewisse musikalische Intervalle, hierhin und dorthin wendeten: sie entfalteten für mich auf unbestimmte Zeit hin den gleichen Reiz in unerschöpflicher Fülle, aber ohne daß ich tiefer in ihn einzudringen vermochte, so wie es gewisse Melodien gibt, die man hundertmal hintereinander spielt, ohne in der Entdeckung ihres Geheimnisses einen Fortschritt zu machen.«

Wollen wir gesund, natur- und sozialverträglich leben, dann ist es unverzichtbar, sich Kenntnisse über natürliche und soziale Rhythmen anzueignen. Der Rhythmus der Welt muß akzeptiert und geschont werden. Unser überprüfbares Wissen von den Zeitprogrammen in der menschlichen und der außermenschlichen Natur ist in den letzten Jahrzehnten erheblich gewachsen.

Wir wissen, daß die Zeitprogramme der jeweiligen Systeme, z.B. die des Menschen, in unterschiedlicher Frequenz verlaufen, und wir wissen, daß dabei ständig hohe Synchronisationsleistungen erbracht werden müssen. Eingebunden sind die inneren Zeitprogramme vielfach in Rhythmen der äußeren Natur. Wir kennen die Tagesrhythmen, die der Gezeiten sowie die Mond- und die Jahresrhythmen, die von Umweltfaktoren, speziell vom Licht und dessen wechselnder Intensität, beeinflußt werden. Wir wissen auch, daß diese inneren Rhythmen – ebenso wie die äußeren – in die Evolution eingebettet sind, in langfristiges Werden und Vergehen, und daß sie gegenüber Zivilisationseinflüssen labil sind. Über das komplexe Zusammenspiel exogener und endogener Rhythmen wissen wir einiges, aber vieles ist uns noch unbekannt. Es gibt vier Zeitstrukturen, die das Leben auf der Erde beeinflussen: die Gezeiten, die Tageszeiten, die Mondphasen und die Jahreszeiten. Ihnen haben sich die Lebewesen angepaßt. Gegen sie zu leben bedeutet, die Existenz aufs Spiel zu setzen.

Obgleich man den Eindruck gewinnen kann, daß mehr gedacht wird, als man denkt, so vergrößert sich doch mit unserem Wissen auch das Wissen um unser Nichtwissen überproportional. Wir stecken in einer problematischen Situation, die Heidegger treffend charakterisierte: »Keine Zeit hat soviel und so Mannigfaltiges vom Menschen gewußt wie die heutige … Aber keine Zeit wußte weniger, was der Mensch sei, als die heutige.«

Weil dies so ist, müssen wir schonend und schützend mit den existierenden Zeitmustern der (äußeren und inneren) Natur und den sozialen Rhythmen umgehen. Gemeinschaften, Gesellschaften sind auf Regelmäßigkeiten angewiesen. Ohne diese gäbe es keinen sozialen Lebenszusammenhang, d.h. die Menschen wären isoliert, einsam und verlassen. Zeitliche

Festlegungen und deren rhythmische Wiederkehr sind daher für unser soziales Überleben unverzichtbar. Sie sind das entscheidende Medium der Bindung, durch das eine Gesellschaft zusammengehalten und erfahrbar wird. Durch sie vermag sich das Individuum im sozialen Raum zu verorten. Denn nur unter der Bedingung, daß es verbindliche Zeitmuster gibt, die mittel- und langfristigen Regeln folgen und damit voraussehbare Orientierungen bereitstellen, ist gemeinschaftliches Leben möglich. Dies spricht nicht grundsätzlich gegen flexible Lebensformen, wenn diejenigen, die wirklich flexibel sind, auch auf Flexibilität verzichten können. Soziales Leben (Familie) benötigt verläßliche, den Tag überdauernde Zeitkoordinationssysteme, benötigt zyklische Wiederholungen, um nicht am aktuellen Regelungsdruck zugrunde zu gehen. Nur durch die Regelmäßigkeit von erwartbaren Wiederholungsaktivitäten bildet sich Soziales und Gesellschaftliches. Sie entlasten von der psychischen und der sozialen Aufdringlichkeit, Zeit immer wieder thematisieren und immer wieder neu koordinieren und kontrollieren zu müssen. Nur die Rhythmen, diese »relative Zeitlosigkeit«, entlastet von der Zeit. Man muß dies nicht ganz so weit treiben, wie der Schriftsteller Ray Bradbury, der in einem Interview auf die Frage, warum er in seinem Büro keine Beleuchtung habe, antwortete: »Wenn es dunkel wird, gehe ich nach Hause.«

Daß uns der Rhythmus im Blut liegt, ist eine Schlagerweisheit – aber sie beschreibt leider nicht die Realität unserer Lebensführung und auch nicht die der Zeitpolitik. »Alle Emanzipation«, so kann man von Karl Marx lernen, »ist Zurückführung der menschlichen Welt, der Verhältnisse auf den Menschen selbst.« Daran könnte sich eine Zeitpolitik ausrichten (ohne, daß sich eine solche Gesellschaft sogleich als »marxistische« bezeichnen müßte). Die Berücksichtigung der biologischen Rhythmen auch im Zusammenhang mit politischer Entscheidung ist schließlich ein Ausdruck für die Humanisierung und Zivilisierung gesellschaftlicher Zeitordnung. Zeitwohlstand ist dort zu finden, wo es einen Reichtum an gelebten Rhythmen gibt. Damit dieser Zustand erreicht werden kann, muß Zeitpolitik als polyrhythmische Synchronisationsleistung konzipiert und realisiert werden, d.h. sie muß über die schlichte Neuverteilung der Zeit hinausgehen; und sie muß Rahmenbedingungen für die Berücksichtigung biologischer und sozialer Rhythmen bereitstellen. Eine rhythmengerechtere Lebensweise der Individuen und der Gemeinschaften würde ein sinnvolles politisches Programm darstellen. Diesem hätte dann auch Tschuang Tse (ca. 335-275 v. Chr.) zugestimmt, der das Ziel einer guten Regierung darin sah, den Menschen einen ruhigen Verlauf ihres Lebens zu ermöglichen und es der Natur zu vergönnen, ihren eigenen Gesetzen zu folgen.

Protest gegen unnötige und unüberlegte Beschleunigung gehört dazu, wie auch die unreflektierte Übernahme der gesellschaftlich dominanten Wertvorstellung, schnell sei »gut«, langsam sei »schlecht«. Widerstand auch gegen das zur Zeit favorisierte Projekt, jedes arbeitende Individuum mit einem Zeit-Konto auszustatten. Denn in diesem Modell muß jeder und jede seinen/ihren Rhythmus selbst finden. Dies wiederum basiert auf der fatalen Illusion, die Rhythmen seien frei disponibel und nicht als biologisches und kulturelles Zeitprogramm elastisch festgelegt. Die Tendenzen sind eindeutig: Die Rhythmen der Arbeitswoche, des Arbeitstages, des Arbeitsjahres, ja, des gesamten Arbeitslebens werden als Gestaltungsaufgabe den Individuen aufgebürdet. Was hat das für Folgen? Welche Freiheiten werden mit welchen Zwängen erkauft? Können wir dies bewältigen, und mit welchen Effekten? Skepsis ist erforderlich.

Karl Valentin muß davon bereits eine Ahnung gehabt haben. Aus dem Rhythmus der Zeit herausgerissen und dadurch ortlos geworden, hat er die verwirrenden Folgen in treffender Art und Weise ausgedrückt: »Ich weiß nicht mehr genau, war es gestern, oder war's im vierten Stock oben…«

Weniger lustig sind die nachgewiesenen Fehlerhäufigkeiten bei arrhythmischem Handeln und Verhalten im Straßen- und im Flugverkehr. Unfälle und gravierende Fehler passieren durch Ermüdung und Einschlafen. Die Kfz-Unfälle sind tagesperiodisch signifikant verteilt, ebenso die Fehler von Piloten. Noch dramatischer ist die Nichtbeachtung von menschlichen Zeitprogrammen bei der Steuerung größerer Industrieanlagen. Tschernobyl sowie die Havarie des Öltankers Exxon Valdez sind Menetekel für den Sachverhalt, daß die Ignoranz innerer Zeitökologie zu ökologischen Katastrophen größten Ausmaßes führen kann. Fatale Fehleinschätzungen sind die unausweichlichen Folgen der Mißachtung temporaler Ordnungsprinzipien des Lebendigen. Sie schädigen nicht nur die betroffenen Individuen, sondern strahlen mit ihren negativen Effekten in die Gesellschaft, die vielfach zur Entrhythmisierung zwingt bzw. diese durch monetäre Kompensation prämiert, zurück. Belastet wird nicht nur der individuelle Körper, sondern auch der soziale. Beide aber sind nur bedingt elastisch. Da nutzt es auch nichts, wie so häufig propagiert, den Fortschritt zu beschleunigen. Die Beschleunigung und die Entrhythmisierungsdynamik sind nämlich selbst problematisch. Wir machen auf diesem Weg nicht nur permanent die gleichen Fehler, wir machen sie auch immer schneller und häufiger. Es geht nicht darum, noch mehr zu können, es geht darum, zu wissen was man tut.

Was aber statt dessen? Die Rhythmen der Natur und der Kultur benötigen auch dort Beachtung, wo deren Berücksichtigung in der Lebensführung nicht zur Leistungssteigerung beiträgt und wo sie dem Prinzip des Immer und Überall von Kapitallogik und Konkurrenzwirtschaft widersprechen.

Denn »keine andere Geschwindigkeit ist einem organischen Körper angemessen als die, die er sich selbst verdankt«, so Italo Svevo. Das aber bedeutet die Akzeptanz der je eigenen Zeitnatur in doppelter Ausrichtung: Einerseits, indem die Einsicht in die Erkenntnisse über natürliche zeitliche Vorgaben (Rhythmen) praktisch wird, zum anderen, indem man die Spielräume, die Elastizitäten, die die organischen Zeitprogramme ja auch immer haben, für Eigenzeiten nutzt. Wir sollten, so die normative Richtschnur, zwar mit der Zeit gehen, hauptsächlich aber mit der eigenen. Dann läuft uns auch die Zeit nicht immer davon, und wir müßten uns nicht darin erschöpfen, »Herr unserer Zeit« sein zu wollen. Wir bräuchten dann nicht mehr die Jahreszeiten zu besiegen, bräuchten keine Pfingstrosen zu Weihnachten und würden vielleicht auch von mehreren Jahrhundert-Hochwassern innerhalb eines Jahres verschont. Wir könnten – wie Lichtenberg dies sich wünschte – die Zeit urbar machen.

Fangen wir an! Möglichst bald, aber nicht zu schnell, denn die gesundheitsschädigenden Folgen des Ignorierens von Rhythmen sind, sowohl für die organische als auch für die psychische Balance der Subjekte belegt und für die sozialen Gemeinschaften ebenso. Was wir wissen, das reicht eigentlich fürs Handeln, denn dieses geschieht immer mit Unsicherheiten. Das Warten auf mehr Sicherheiten, mehr wissenschaftliche Erkenntnis, dient dabei häufig nur der Abwehr des Veränderungsdruckes. Es soll das »Immer weiter Machen« legitimatorisch abfedern. Wir wissen um die biologischen Zeitprogramme, wir wissen um die Zeitordnungen der äußeren Natur, wir wissen um die stabilisierende Wirkung von sozialen Rhythmen im gesellschaftlichen System. Und wir wissen, daß man Zeit und Rhythmus nur versteht, wenn man den Menschen als Teil der Natur begreift. Auch wenn wir bei weitem nicht alles wissen, so ist das, was wir wissen, jedoch genug, um vor der Mißachtung dieser offensichtlichen Tatsachen zu warnen. Für jene Zweifler aber, die immer noch auf abgesichertere wissenschaftliche Ergebnisse warten, hat Thomas Mann in seinem »Lob der Vergänglichkeit« einen auch hier gut verwendbaren Schlußsatz gefunden: »Möge es so sein oder nicht so sein – es wäre gut, wenn der Mensch sich benähme, als wäre es so.«

```
                    die zeit vergeht
```

```
                    lustig
                 luslustigtig
              lusluslustigtigtig
           lusluslustigtigtigtig
        lusluslusluslustigtigtigtig
     lusluslusluslustigtigtigtigtigtig
  lusluslusluslusluslustigtigtigtigtigtigtig
lusluslusluslusluslusluslustigtigtigtigtigtigtigtig
```

Ernst Jandl

Anfang und Ende

»Alles ist jetzt ultra …«

»Tages Arbeit! Abends Gäste!
Saure Wochen! Frohe Feste!«
Goethe

Als Gott die Welt schuf, arbeitete er sechs Tage. Am darauf-
folgenden siebten Tage ruhte er. Der Grund dafür war die
Schöpfung, nicht etwa die Erschöpfung. Die Ruhe am siebten
Tag ist der Abschluß eines großen Beginns. Der Anfang, so
die eindeutige Botschaft, ist nichts ohne Abschluß. Beginnen
kann man nur, wenn man endet. Die Ruhe ist Teil der Aktivität, das Ausruhen gehört zur Arbeit. Durch sie vollendet sich
alles. Nicht Ruhe statt Arbeit ist die Symbolik, sondern Ruhe
als unverzichtbarer Teil der schöpferischen Arbeit.

Die Schöpfungsgeschichte ist auch die Geschichte der
Schöpfung von »Anfang« und »Ende« (und deren wechsel-
wirksamer Bedingtheit). Davor war das Chaos, die Anfangs-
und Endlosigkeit.

Durch die Markierung dessen, was wir »Beginn« und »Abschluß« nennen, wurde eine Zeitordnung grundgelegt, die der
Menschheit in ihrem Handeln und Denken Orientierung ver-
lieh, die sie aber auch vor Probleme stellte. Nur so ist es ver-
steh- und erklärbar, daß sich unzählige Philosophen und Na-
turwissenschaftler mit (bisher) endlosem (!) geistigen
Aufwand der Frage widmeten und immer noch widmen,
wann der Lauf der Zeit begann und wann er enden wird.
Auch im Alltag besteht das, was wir tun, nicht zu einem ge-
ringen Teil darin herauszufinden, wie etwas angefangen hat
und wie dies wohl enden wird. Wir benötigen Anfänge und
Abschlüsse, um Prozesse, Entwicklungen, Dynamiken zuzu-
ordnen und zu unterscheiden. Wir brauchen sie, um uns im
Fluß der Zeit zu orientieren. Ohne Anfang und Ende »ver-
ödet die Zeit zur schlechten Unendlichkeit« (Plessner), und
wir veröden mit. Ohne Ende wüßten wir nicht, daß wir be-

gonnen haben, und ohne Beginn könnten wir nichts beenden. In ziellosem Umherirren bestünde die Form unserer Existenz.

*

Die Indizien häufen sich, daß die Moderne, und speziell deren Verschärfung im letzten Drittel unseres Jahrhunderts, jene Strukturierungen der Zeit, über die die Markierungen von Anfang und Ende zu erfahren sind, tendenziell auflöst. In einer Hochgeschwindigkeitsgesellschaft werden die Zeit und ihre Ordnung selbst zum Gegenstand der Beschleunigung. Die sichtbare Folge ist, daß uns immer häufiger die notwendige Zeit fehlt, um eine sinnvolle soziale und individuelle, ordnende Architektur zwischen Anfang und Ende aufzubauen. Das Ende des Vorhergehenden und der Anfang des Nachfolgenden fallen zunehmend öfter zusammen. Das Neue wird hektisch durch das Neuere ersetzt. Trennungen und Anbindungen, Anfänge und Schlüsse geschehen zeitgleich, sie verschwimmen unidentifizierbar ineinander.

Es war Dante, der in der »Göttlichen Komödie« mit seiner Schilderung des Paradieses dem Rhythmus von Anfang und Ende (des Arbeitstages) ein Loblied sang: »Florenz war innerhalb der alten Mauer,/Von der noch schlägt die Terze und die Non,/Voll Maß und keusch, sein Friede war von Dauer.«

»Voll Maß und keusch«, so charakterisiert Dante eine Zeitordnung, die das Beginnen und Beenden kennt, die sich am Sonnenaufgang und Sonnenuntergang orientiert, die in die Rhythmen der Natur eingebettet ist.

Die Glocke ist es – ein von Menschen gemachtes tönendes Zeit-Zeichen –, die im weitgehenden Einklang mit der kosmischen Ordnung als Zeitmaß der sicht- und hörbaren Veränderung dient. Individuelles und soziales Leben verlaufen strukturiert und gegliedert. Das Vorher und Nachher wird gesetzt, Dauer wird erfahrbar. Es ist die Dauer im Wechsel, die Dante als friedvoll, als paradiesisch beschreibt, dies jedoch in einer Epoche, in der die alten ordnenden Zeitmuster zunehmend an Einfluß verlieren.

Le Goff schildert die folgenreichen Veränderungen, die sich im 13. und 14. Jahrhundert – anfänglich besonders in den Renaissancestädten Italiens und Nordfrankreichs – abzeichnen. An die Stelle einer Ereigniszeit tritt eine Zeit, die von den konkreten Erfahrungen, vom Alltagsgeschehen, abgelöst ist; eine Ordnung der Zeit, die für die systematische, handwerkliche Produktion und für die administrativen Kontrollbedürfnisse gegenüber der wachsenden Stadtbevölkerung von Vorteil ist. Zwar werden bereits damals Anfang und Ende als zeitliche Zäsuren immer häufiger von sichtbaren Naturrhythmen abgetrennt, wie z.B. dem Aufgang und dem Untergang der Sonne. Sie bleiben jedoch über symbolische Handlungen weiterhin erlebbar. Die Zeit wird durch wiederkehrende Ereignisse und Handlungen bestimmt und qualitativ markiert. Das Brauchtum, die Riten und die regelhafte Symbolik geben dem Verlauf der sozialen Ereignisse einen festen Rahmen. Sie sind einer der allerersten Kulturleistungen der Menschheit. Insbesondere durch die Anbindung an die Zyklizität der Natur geben die Riten des Beginnens und des Beendens den sozialen Gemeinschaften Stabilität in einer unsicheren Welt.

Feste und Feiertage waren (und sind dies teilweise noch heute) demonstrative Orientierungsmerkmale, um die fliehende Zeit zu strukturieren. Sie sind Fixpunkte. Durch sie wird die Vergänglichkeit der Zeit konkret. Sie wird zum Datum. Symbolisch besetzte Handlungen, Rituale, bannen die Angst vor der offenen Zeit. Sie reduzieren Unsicherheit und rhythmisieren die Dynamik der Veränderung. So läßt sich individuelle und soziale Erfahrung ordnen und eine Dramaturgie des Lebens, des öffentlichen und des privaten, entwickeln.

Anfänge und Abschlüsse stellen in diesem Sinne ein an ritualisierte Handlungen gebundenes System dar, das Vertrauen und Stabilität in Raum und Zeit fördert. Silvester/Neujahr, der Beginn der Aussaat (die Frühlingsfeste), das Erntedankfest, die feierlich begangene Grundsteinlegung, das Richtfest und die Einzugsfeier, die Zuckertüte bei der Einschulung und die Schulentlaßfeier, der Einstand bei der Übernahme einer neuen Arbeitstätigkeit und der Ausstand beim Verlassen der Arbeitskollegen, alles das sind beachtenswerte Kulturleistungen, mit deren Hilfe Rhythmen des individuellen und des sozialen Lebens geschaffen und bestätigt werden.

Mit Vorliebe wurden (und werden) in unserer mitteleuropäischen Tradition Speis und Trank als strukturierende Kraft zwischen Abschnitten, die wir »Anfang« und »Ende« nennen, verwendet. Ein guter Geschäftsabschluß, ein runder Geburtstag, das Einfahren der Ernte, die Eröffnung eines Geschäftes oder einer Ausstellung, dies sind Anlässe, die ihren Symbolgehalt als Anfangs- oder Schlußsituation durch gemeinsames Essen und Trinken erhalten. Seit alters her sind es die Mahl-Zeiten, die die Verstreuten und die sich Verstreuenden vereinen. Diejenigen, die sich (z.B. im Anschluß an eine Beerdigung) wieder trennen und ihrer Wege gehen, sollen erleben, daß sie nicht alleine sind, und jene, die sich zu einer Bildungsveranstaltung in einer Akademie erstmalig treffen, sollen beim Begrüßungskaffee ihre Isolation zugunsten von Gemeinsamkeit überwinden. Das Betthupferl, die Zuckertüte, das Silvestermenü und andere mehr oder weniger süße Ereignisse drücken es deutlich aus: Ohne Essen und Trinken sind Anfänge und Abschlüsse schlichtweg geschmack-los und auch nicht kost-bar. Ohne eine Mahl-Zeit, ohne einen Schluck aus dem Becher oder dem Glas rückt uns die Zeit nicht auf den Leib, und es stellt sich immer öfter die Frage, inwieweit wir »leibhaftig« existieren. Wer individuelle und soziale Kontinuität erfahren und gewinnen will, muß das

Erlebnis dimensionierter Zeit mit den Eckwerten »Anfang«
und »Ende« machen – und das immer wieder. Dies fällt uns
heute zunehmend schwerer.

*

In jenem Umfang, in dem sich die Zeitordnungen von der
inneren und äußeren Natur und von sozialen Ereignissen ge-
löst haben, verloren die Riten, die Zeremonien, die Symbole
des Anfangens und des Beendens ihre prägende Kraft. Diese
Loslösung ist in der Idee des Fortschritts begründet. Im heute
gültigen Modell »Fortschritt« gibt es keinen Anfang und
auch keinen Schluß, keine Voll-Endung. Stetig muß es weitergehen. Wir holen immer auf und freuen uns auf das Überholen. Das Ziel menschlichen Handelns ist nicht konkret, es ist
der menschliche Fortschritt selbst. Das Ende des Wachstums
ist in diesem Denken nicht etwa ein Ende, das feierlich begangen werden kann (eben die Vollendung), es ist die
Katastrophe, vor der sich alle fürchten. R. Koselleck datiert
den entscheidenden Schub zugunsten dieser neuen Qualität
des Zeiterlebens in die zweite Hälfte des 18. Jahrhunderts:
»Die Zeit bleibt nicht nur die Form, in der sich alle Geschichten abspielen, sie gewinnt selber eine geschichtliche
Qualität. Nicht mehr in der Zeit vollzieht sich dann Geschichte. Die Zeit wird dynamisiert zu einer Kraft der Geschichte selbst.«
Anfang und Ende, und dies ist die folgenreiche Konsequenz eines solchen Umgangs mit Zeit, werden durch das
von Menschen gemachte Tempo bestimmt. Nicht mehr die
Natur und auch nicht mehr die Bibel bestimmen die zeitlichen Ordnungspunkte für das gesellschaftliche Handeln.
Zwar finden wir noch heute in unseren Gesangbüchern den
als Kanon zu singenden Text: »Ausgang und Eingang, Anfang
und Ende liegen bei Dir, Herr, führ' uns die Hände«; aber er

gehört in eine Zeit, die über 250 Jahre zurückliegt. Wenn diese Strophen in der Gegenwart noch gesungen werden, so sind sie kaum mehr als ein frommer Wunsch.

Endlichkeitsdemut und neuzeitliches Fortschrittsdenken lassen sich, wie Blumenberg herausgearbeitet hat, nicht mehr versöhnen. Der Fortschritt beschlagnahmt die Zukunft und damit die Zeit. Das Ende, der Tod und die Abschlüsse sind nur mehr Störungen eines kontinuierlichen Fort-Schreitens. Geschichte wird fortan gemacht, ohne Innehalten, ohne Anfang, ohne Ende. Mit der Konsequenz, daß wir stets von vorne anfangen und doch bereits meistens schon am Ende sind. So kommen wir immer zu spät – in unseren glücklichen Momenten früh genug. Ein Gefühl, das bereits Eichendorffs »Taugenichts« mit uns teilte: »Mir ist's nirgends recht. Es ist, als wäre ich überall eben zu spät gekommen, als hätte die ganze Welt gar nicht auf mich gerechnet.«

Die Einzelpersonen haben in der modernen Individualisierungsgesellschaft die Zeit zur eigenen Disposition. Sie sind nicht mehr Teil von gesellschaftlich vorgegebenen Anfängen und Schlüssen, sie müssen selbst für den Beginn und das Ende sorgen. In der »hochentwickelten« Industriegesellschaft wird alles möglichst permanent, d.h. zu jeder Zeit, »rund um die Uhr« und an jedem Ort, bereitgestellt. Das macht gesellschaftliche Anfänge und Abschlüsse tendenziell überflüssig. Das Individuum ist hierdurch immer mehr gezwungen – will es nicht in der zeitlichen und räumlichen Grenzenlosigkeit verschwinden –, selbst zeitliche Markierungspunkte zu setzen.

Um uns und die Prozesse in unserer natürlichen und sozialen Umwelt zu identifizieren, benötigen wir Grenzen. Elastische Veränderung ist auf Kontinuität angewiesen, Grenzüberschreitungen setzen Abgrenzungen als notwendige Bedingung voraus. Deshalb auch schützen wir unsere Gren-

zen – nicht nur unsere nationalen – um in Frieden (»eingefrie-
det«) existieren zu können. Anfang und Ende sind solche
Einfriedungen der Zeit, die der Wohnung im Raum entsprechen. Nur so läßt sich Gewohntes von Ungewohntem, Ver-
trautes von Unvertrautem, Eigenes von Fremdem, Neues von
Altem unterscheiden.

Wer keine Grenzen kennt, kann auch keine Grenzüberschreitungen vollziehen. Der Mensch braucht Grenzen, auch,
und gerade deshalb, um sie zu überwinden. Anfänge und Abschlüsse als zeitliche Grenzmarken geben individueller (sozialer und gesellschaftlicher) Identität Form und Gestalt. Sie
entwickeln und prägen das Verhältnis zwischen Individuen,
Gemeinschaften und Gesellschaften; denn auch soziale
Strukturen sind durch Abgrenzungen und durch Übergänge
definiert und qualitativ bestimmt. Daher ist der Verlust des
Rhythmus von Anfang und Ende eine Bedrohung für das individuelle und für das soziale Gleichgewicht. Dies ist besonders dort der Fall, wo das menschliche Miteinander entritua-
lisiert wird und den Charakter von administrativ geregelten
Vertragsbeziehungen erhält.

*

An den »modernen« Formen des Beginnens und Abschließens wird der Individualisierungs- und Rationalisie-
rungstrend offensichtlich: Man reduziert den materiellen und
emotionalen Aufwand, der traditionell mit Anfangs- und
Schlußsituationen verbunden war, und verlagert die sozialen
und individuellen Aufgaben auf eigens dafür geschaffene Institutionen, die, bürokratisch und zweckrational organisiert,
den (noch) notwendigen Schein des Beginnens bzw. Abschließens aufrechterhalten. Eröffnungen läßt man perfekt
vom Partyservice arrangieren, Abschiede und Abschlüsse,
wenn sie freudig sind, ebenso; tritt der konträre Fall ein, steht

die Trauer-Hilfe zur »Regelung der letzten Dinge« bereit. Unser Lebensrhythmus wird kaum mehr von Sonnenauf- und Sonnenuntergängen strukturiert; er spielt sich zwischen Frühstücksfernsehen und Spätnachrichten ab. Dies mit dem Effekt, daß wir immer weniger zu konkreten Erfahrungen fähig sind. Dafür jedoch entwickeln wir zunehmend mehr (un-erfüllbare) Erwartungen. Das macht uns nicht glücklicher, dafür aber hektischer, orientierungsloser und, wenn's gut geht, erhöht es unseren Güterwohlstand.

»Das Einreißen der Grenzen und Verwischen der Unter-schiede bedeutet, daß alle Wirklichkeitsbereiche zu Bestand-teilen einer in alles eingreifenden, alles ergreifenden und alles erwirkenden Betriebsamkeit geworden sind. Es gibt nichts, das diese Betriebsamkeit nicht durchbrochen hätte, so wie es auch keinen Ort gibt, in den sich der Mensch vor ihr flüchten könnte: er vermag sich allenfalls aus dem einen Bereich der Betriebsamkeit in den anderen zu begeben, aber er bleibt stets in Betrieb. Die Medizin, die Psychologie, die Psychiatrie, der Urlaub, die Touristik, alles dies sind bloße Hilfsmittel der Be-triebsamkeit, sind selbst Teil der Betriebsamkeit und halten den Menschen in Betrieb oder setzen ihn nach vorübergehen-der Entgleisung und kurzer Indisposition wieder in Betrieb.« (Kosik)

Der Zeitgeist ist ungeduldig, mobil und, da er sich von den zeitlichen Abgrenzungen des Anfangens und Beendens löst, ohne Maß und ohne Halt.

Das Immer und Überall ist zum Ideal unserer modernisier-ten Gesellschaft geworden: endlose Beginnlosigkeit. Der Fe-tisch ist das Non-stop, mit dessen Hilfe wir zeitlos zwischen den verschiedenen Zuständen oszillieren. Irgendwie muß Goethe das bereits empfunden haben. Am 6. Juni 1825 schreibt er an seinen Freund Zelter: »Alles … ist jetzt ultra (…)«/»Alles transzendiert unaufhaltsam, im Denken wie im

Tun. Niemand kennt sich mehr, niemand begreift das Element, worin er schwebt und wirkt ... Junge Leute werden viel zu früh aufgeregt und dann im Zeitstrudel fortgerissen.«

Virilio, der französische Philosoph, der sich der Kritik der Geschwindigkeit verschrieben hat, knüpft heutzutage nahtlos an Goethes Einsicht an: »Wir sind dabei, die Welt zu verlieren – wegen der Geschwindigkeit, weil sie weltweit die Umwelt immer mehr zerstört. Wenn wir diese Situation der Geschwindigkeitsexzesse in Wissenschaft und Technik hinein verlängern, ohne die Bremse der Vernunft und der politischen Vernunft, so kommen wir in eine Situation, in der man die Frage nach einer Ökologie der Zeit stellen muß. Wir sprechen heute davon, daß wir die Welt verlieren, weil sie verschmutzt ist, und daß sie bald ein Ort sein wird, an dem man nicht mehr leben kann. Aber damit beziehen wir uns auf den realen Raum einer Substanz, die entfremdet, verschmutzt wird. Aber auch die reale Zeit der Erde ist verschmutzt durch die Augenblicks-Schnelligkeit von Verkehrsmitteln und Medien. Eines Tages wird es den Zeit-Raum der Welt nicht mehr geben, weil wir die Ausdehnung und Dauer der Welt durch die Geschwindigkeit verloren haben werden. Dann werden wir sehen, daß wir uns nicht nur damit begnügt haben, Zeit zu gewinnen, um von einem Punkt zum anderen zu kommen, sondern daß wir vor allem den Zeit-Raum der Welt verloren haben, weil er für die neuen Technologien zu klein geworden ist. Darin liegt ein gewaltiger symbolischer Verlust.«

Anschluß an die verschiedenen Handlungen und Situationen unseres Lebens, die findet man allein, indem man Anfang und Ende kennt und diese Zäsuren auch erfährt. Gelingt uns das nicht, werden wir zu unfreiwilligen Passagieren eines Kettenkarussels, das sich schneller und schneller dreht und das uns den Ausstieg – und anderen den Einstieg – unmöglich macht. Mit der Steigerung des Prozeßtempos nehmen, nicht nur beim Kettenkarussell, die Schleudergefahren spürbar zu.

Es sind die Neuen Medien, die Neuen Technologien, mit deren Hilfe der Horizont des Wirklichen überschritten werden kann. Mit dem Eintritt ins Medienzeitalter beschleunigt sich das Leben in eine Richtung, in der die Anfänge und die Abschlüsse flüssig und schließlich überflüssig werden. Ankunft und Abfahrt werden eins, im Transit, dem austauschbaren Irgendwo, fallen sie in einem Zeitpunkt zusammen. Sehr konsequent nennen wir daher unsere Fluchtmittel in die Zukunft »Transrapid«. Statt anzukommen und abzufahren, bewegen wir uns an unterschiedslosen Orten in unterschiedslosen Zeiten hin und her.

In einer Last-Minute-Gesellschaft bleibt nur mehr das Ab- und Einschalten, das Aus- und Einsteigen, das Abhaken und Erledigen oder, wie beim Gebrauch der neuen Technologien üblich, das Laden und Löschen. Wir verlieren jene Distanz zu uns und unserer Umwelt, die im bewußten Beginnen und Beenden zum Ausdruck kommt. Wir verlieren jenen längeren Blick auf die Dinge und die Entwicklungen, der nach dem Anfang auch das Ende mitbekommt. Damit gehen wir der Mitte, die durch Anfang und Ende bestimmt wird, verlustig. Unser Leben ähnelt so immer mehr einem grauen Brei, einer Bewegung ohne Mittelpunkt. Wir erleben es täglich, daß wir der Festigkeit und der Sicherheit eines Rahmens entbehren müssen, bei dem der Anfang und der Schluß eine Art »Rhythmus oder Reim« (Hölderlin) bilden. Machen wir uns also auf die Suche nach der (fast) verlorenen Mitte.

Wenn einer fortgeht, muß er den Hut
mit den Muscheln, die er sommerüber
gesammelt hat, ins Meer werfen
und fahren mit wehendem Haar,
er muß den Tisch, den er seiner Liebe
deckte, ins Meer stürzen,
er muß den Rest des Weins,
der im Glas blieb, ins Meer schütten,
er muß den Fischen sein Brot geben
und einen Tropfen Blut ins Meer mischen,
er muß sein Messer gut in die Wellen treiben
und seinen Schuh versenken,
Herz, Anker, Kreuz,
und fahren mit wehendem Haar!
Dann wird er wiederkommen.
Wann?
Frag nicht.

Ingeborg Bachmann

Endzeit

»Wohlan denn, Herz, nimm Abschied und gesunde«

»Es muß feste Bräuche geben.« »Was heißt ›fester Brauch‹?«
sagte der kleine Prinz. »Auch etwas in Vergessenheit
Geratenes«, sagte der Fuchs. »Es ist das, was einen Tag vom
anderen unterscheidet, eine Stunde von den andern
Stunden.«

Saint-Exupéry, Der kleine Prinz

»Willst du das Leben aushalten, richte auf den Tod dich ein.«
Eine alte Weisheit, die zeitlose Gültigkeit beanspruchen kann
und die für all die vielen »kleinen Tode« gilt, die wir »Ende«,
»Schluß«, »Scheidung«, »Trennung« usw. nennen.

Wir kennen alle die teils komisch, teils tragisch anzusehen-
den Attitüden jener mächtigen Personen (meist sind es Männer), die sich, nachdem sie ihre ehemaligen Einflußmöglich-
keiten verloren haben, nur mehr durch Ersatzhandlungen am
Leben halten. »Ich gehe nicht leichten Herzens« – und es ist
anzunehmen, daß das eine für die Öffentlichkeit bestimmte
Untertreibung war –, hat der 87jährige erste Kanzler der
Bundesrepublik einem Journalisten bei seinem Abschied gesagt. Es ist bekannt, daß Adenauer den Abschied vom Amt,
den Entzug von Macht und Einfluß, nie wirklich überwun-
den hat. Er ist ein Beispiel für viele, auch für erheblich Jünge-
re, die nach einem Ende (z.B. ihres Arbeitslebens) nichts
Neues mehr anfangen können, die das Leben – und das heißt:
sich selbst – nicht mehr aushalten. »Der Abschied wird zu
einer Entziehungskur, deren Notwendigkeit natürlich möglichst lange verdrängt wird«, schreibt R. Zundel in einem Essay über das Leiden der Politiker nach dem Entzug von
Macht, Öffentlichkeit, Apparat und Wirkungsmöglichkeiten.

Das kennen wir auch aus anderen Situationen. Mediziner
und Psychologen sprechen von Verlustdepressionen, z.B.
Umzugsdepressionen, Entwurzelungsdepressionen, sogar
von Beförderungsdepressionen beim beruflichen Aufstieg.

Mit dem Ende von sozialen Prozessen ist immer auch die Lösung dieser verschiedenen An-Bindungen verknüpft. Das aber hat zur Folge, daß die durch Bindungen entwickelten Orientierungs- und Ordnungsmuster für die Individuen gefährdet sind. Individuell unterschiedlich und verschieden stark reagieren die Beteiligten auf diesen Milieuverlust; z.B. mit Kummer, mit Angst, mit Protest, generell: mit Abwehr. Wir nennen diese Reaktion auf Verluste in Trennungssituationen üblicherweise Trauer. Diese Trauer ist die unverzichtbare Bedingung für das Loslassen-Können, und sie ist auch die notwendige Bedingung für einen neuen Anfang. Wer nicht fertig macht, wird fertiggemacht. Valéry verglich solch trennungsunfähige Menschen mit jenen Leuten, die bei einem Unfall sterben, weil sie ihren Regenschirm nicht loslassen wollen.

Werden die Abschiede, die Trennungen nur als verwaltungstechnisches Entsorgungsproblem behandelt und nicht »verschmerzt«, z.B. durch das veräußerlichte Gefühl der Tränen, bleibt der Schmerz »eingedickt« zurück und verstellt als seelischer »Pfropfen« den Zugang zu einer anderen Realität mit ihren neuen Möglichkeiten. Das Zulassenkönnen von Trauer, das Traurig-sein-Dürfen ist daher notwendige und sinnvolle Voraussetzung für eine produktive Verarbeitung von Schlußsituationen. Untersuchungen über das Nicht-traurig-sein-Können und Nicht-traurig-sein-Dürfen zeigen, daß es sich hierbei häufig um Depressionen und andere psychische Störungen handelt, die als Folgen abgedrängter Trauer bei den betroffenen Individuen auftreten. So rächen sich schließlich jene Gefühle, die verboten wurden und die man sich selbst verbietet. Die Realität und deren Wahrnehmung ist nach »hinten« gerichtet. Die notwendige Ablösung mißlingt. Das Subjekt bleibt in sich selbst, in seiner Phantasie, in seinen Wünschen gefangen und verfangen und ist zu neuen Erfahrungen nur mehr sehr begrenzt fähig. Das Nicht-sterben-

Können blockiert mögliches neues Leben. Wer nicht traurig sein darf, kann nicht fröhlich sein.

Auch Goethe hat sich über dieses, sich gegenseitig bedingende Verhältnis von Leben und Tod, von Entwicklung und Untergang Gedanken gemacht. In seinen Studien über die Natur formuliert er: »Leben ist ihre, der Natur, schönste Erfindung, und der Tod ist ihr Kunstgriff, viel Leben zu haben.« Und dies gilt nicht nur für die Natur, es gilt auch für viele soziale Teile des Lebens.

Vielleicht hat Goethe ja den großen Humanisten Petrarca gelesen, um zu solcher Erkenntnis zu gelangen. Dieser nämlich schrieb an Lelius: »Wenn der Mensch am Ende ist, dann fängt er erst an, und wenn er zur Ruhe gekommen ist, dann wirkt er.« Dann nämlich wird er nicht mehr von den gemachten Erfahrungen umklammert und hält sich auch nicht klammernd an ihnen fest. Er gewinnt Souveränität, erlebt die Los- und Freisprechung vom Status der Abhängigkeit, so wie dies ehemals die Lehrlinge in einem ritualisierten und inszenierten feierlichen Akt am Ende ihrer Lehrzeit erleben durften.

*

Daß Schlußsituationen mit ihren Trennungen, Abschieden, Ablösungen und Abbrüchen heutzutage ein Problem darstellen, liegt nicht zuletzt an den gesellschaftlich nicht mehr bereitgestellten und sozial abgesicherten Räumen, die für eine »Zeremonie des Abschiedes« notwendig wären. Traurig ist's zu sehen, wie wir trauern, oder deutlicher: wie wir's nicht mehr können. Eine ehemals in den Lebensrhythmus integrierte Trauerkultur gibt es nur noch rudimentär. Wir ergreifen die Flucht, wenn uns jemand auf die Kommunikationsfloskel: »Wie geht es dir?« wahrheitsgemäß antwortet: »Nicht gut, ich bin traurig«. Die Mittel der Tröstung sind uns mit der zunehmenden Unfähigkeit, traurig sein zu können und traurig sein zu dürfen, ebenso abhanden gekommen. Wir erschrecken über weinende Menschen. Sehen wir sie in der Öffentlichkeit, gehen wir ihnen aus dem Weg. Der große Bogen um die Trauer ist uns zur Routine geworden. Selbst hilflos, sind wir zur Hilfe kaum mehr fähig. Profitorientierte Unternehmen müssen notwendige Ersatzleistungen übernehmen für das, was ehemals Individuen und intakte soziale Gemeinschaften leisten konnten: Trauerhilfe nämlich. Unser Ende – und das der anderen – verdrängen wir aus dem Leben, wir begreifen das Ende nicht als Teil des Lebens. Seltsam, obgleich doch jeder weiß, daß sich die Todesquote der menschlichen Gesamtbevölkerung nicht geändert hat: Sie macht heute, wie früher ebenso, 100% aus, und auch die, die daran zweifelten, sind letztendlich über ihren Zweifeln gestorben.

Trauer war früher, im Gegensatz zu heute, ein Alltagsphänomen. Trauer in der Öffentlichkeit zur Schau zu stellen leisten sich nur mehr jene Personen, die sich sicher sind, daß ihnen schwarz gut steht.

Das Trauerverhalten ist beschränkt auf das einsame Individuum und dessen »Probleme« mit dem Abschied. Wir sind unsicher geworden, wie und ob überhaupt noch getrauert werden soll. Gespielte Sicherheit und deren demonstrative Darstellung ist gefragt. Da hat Trauer keinen Platz mehr, man erlaubt sie sich nur mehr in der Zurückgezogenheit und der Heimlichkeit. Unsere Kinder bekommen es bereits anerzogen. »Sie fühlte sich in dem Gedanken, daß kein Mensch sie leiden mochte, selbst der Papa nicht, so unglücklich, daß sie auf offener Straße zu weinen begann. Der Oberamtmann nahm ihren Arm und legte ihn in den seinen. Die Tränen seines Töchterchens machten ihn immer weich. ›Aber Kleines‹, sagte er zärtlich und versuchte zu scherzen, ›was machst du denn; sollen dich die Leute auslachen, wenn sie sehen, daß das große Mädchen weint?‹ « So die gefühlsverdrängende Moral im 1885 erstmals erschienenen und inzwischen hundertfach wieder aufgelegten Kinderbuch der Emmy von Rhoden: »Der Trotzkopf«.

Und als Erwachsene machen wir konsequent weiter. »Von Beileidsbesuchen bitten wir Abstand zu nehmen.« Diese, die Trauernden ausschließende, Anmerkung macht in jeder zweiten Todesanzeige deutlich: Jeder soll mit seiner Traurigkeit alleine bleiben oder soll sie sich erst gar nicht leisten dürfen. Im Dringlichkeitsdeutsch unserer Medien gibt es keine weinenden, trauernden Menschen mehr, es gibt nur noch solche, die Tränenanfälle erleiden. Wo aber Beileidsbesuche nicht erwünscht sind, Trauerzüge zum Verkehrshindernis werden und traurig aussehende Menschen gemieden werden, da können auch Abschiede in sozialen Gemeinschaften nur mehr gegen den gesellschaftlichen Trend wirklich erlebt und erfahren werden. Sie werden wie die Musikstücke im Radio immer weniger zu Ende gebracht, sie werden ausgeblendet.

»Wie wenige Gesichter in diesem Land lassen erkennen, daß der Besitzer der Trauer und der Erinnerung fähig ist ...«, schrieb Böll resigniert in »Hierzulande«. Die beschleunigte Gegenwart, in der die Eiligen und die Voreiligen die größten Karrierechancen haben, nimmt Abschied vom Abschied – und dies aus dem fahrenden Auto heraus. Daß so etwas kein zivilisatorischer Fortschritt ist, notieren Horkheimer und Adorno: »Was allen Gefühlen widerfährt, die Ächtung dessen, was keinen Marktwert hat, widerfährt am schroffsten dem, woraus nicht einmal die psychologische Wiederherstellung der Arbeitskraft zu ziehen ist, der Trauer. Sie wird zum Wundmal der Zivilisation.«

Wird im Leben nichts mehr oder nur mehr wenig zu Ende gebracht, wird die eilige Abkürzung zur Lebensmaxime, so werden die sozialen Beziehungen grund-los und leer. Sie entbehren der Stabilität und Gemeinsamkeit verleihenden Symbolisierungen. Sie degenerieren zu Mikrowellenbeziehungen, die affektiv unbesiedelt bleiben, weil sie keinen Anfang und kein Ende kennen, nur mehr das Ein- und das Ausschalten. Auch die häufig sehr seltsamen und teilweise komischen atmosphärischen Stimmungen bei sogenannten »Klassentreffen« machen das Mißlingen von Abschieden und Trennungen allzu deutlich. Nur selten gelingt es bei solchen Veranstaltungen, Gegenwart und Vergangenheit miteinander zu versöhnen. Die Vergangenheit wird nicht zum Bestandteil der Gegenwart, sie wird nicht in ihr aufgehoben. Vielfach ist sie nur mehr eine eilige Fluchtmöglichkeit, um sich von der Gegenwart zu lösen und um gefühlstrunken die notwendige Trauerarbeit zu umgehen und zu vermeiden. Wirklich vollzogene Abschiede brauchen Zeit. Erst sie machen individuelle und gesellschaftliche Geschichte möglich. »Wohlan denn, Herz, nimm Abschied und gesunde.«

*

Zeit für den Abschied befestigt das Leben in der Zeit. Von Hans Sachs stammt die bedenkenswerte Mahnung:
    »Mensch, was du tust, bedenk das End,/das wird die höchste Weisheit genennt.«
Von dieser Weisheit ist unser Handeln weiter denn je entfernt. Der Schluß ist für eine Gesellschaft, die das Vorwärts-Schreiten zu einem Fetisch macht – und dabei schon lange nicht mehr schreitet, sondern rast –, etwas Lästiges, Unangenehmes, Unbedeutendes. Dafür wird keine Zeit »geopfert«. Altes wird nahtlos durch Neues ersetzt, wer innehält, verpaßt den Zug der Zeit. Auch das läßt sich täglich bei unseren Intercity-Expreß-Abschieden erleben. Dazu einige Beobachtungen zur »Deutschen Bahnhofsinteraktion«.

Die Abschiede auf den Bahnsteigen haben sich in den letzten

Jahren in gravierender Art und Weise verändert. Sie sind in ihrem expressiven Ausdruck erheblich ärmer geworden. Vor zwanzig, dreißig Jahren sah man bei abfahrenden Fernzügen viele Paare, Gruppen, die voneinander Abschied nahmen, die sich weinend in den Armen lagen, die mit Taschentüchern (die keine Tempo-Taschentücher waren) hinter den entschwindenden Kindern, Eltern, Freundinnen und Freunden herwinkten. Heute dagegen sind die Bahnsteige voll von sprachlos nebeneinanderstehenden oder auf und ab gehenden Menschen, die in ihrer geschäftigen Fortbewegungsattitüde alleingelassen wirken. Das althergebrachte Ritual, Worte des Abschieds durch's geöffnete Abteilfenster auszutauschen, und zwar solange, bis sich der Zug in Bewegung setzt, ist aus technischen Gründen abhanden gekommen. Die Fenster lassen sich bei Fernzügen nicht mehr öffnen, und die neueste Entwicklung beim ICE, die vor Sonneneinstrahlung schützenden getönten Scheiben, machen Abschiede am Bahnsteig noch unmöglicher. Ach ja, und dann steigt man in einen ICE mit Namen »Friedrich Hölderlin«. Muß das sein? Hölderlin, der wohl die schönsten Worte der Zuwendung in der deutschen Literatur fand: »Daß noch unser der Abschied sei.« Hölderlin, der langsam war, dessen Texte sich nur durch zögerndes gründliches Lesen erschließen, er wird der Geschwindigkeit geopfert. Von was und von wem muß man eigentlich Abschied nehmen, um so problemlastet und selbstverständlich in einen Hochgeschwindigkeitszug mit Namen »Friedrich Hölderlin« einzusteigen, wie dies täglich Hunderte tun? Die Antwort: vom Abschied selbst.

Vor lauter Geschäftigkeit fehlt uns die Zeit zum Abschiednehmen, zum Erinnernkönnen. Tagtäglich müssen wir zwar Trennungsenergie aktivieren, aber zu mehr als zum Sortieren des Mülls scheint sie nicht zu reichen. Ein Frankfurter Pfarrer beklagt sich über die Hektik bei Beerdigungen: »Abzüglich der Musik am Anfang und Ende haben wir zwanzig Minuten für die Trauerfeier, da kann man noch nicht einmal Luft holen oder ein Lied singen. Wer die erlaubten 30 Minuten um 15 verlängern will, muß DM 150,– extra zahlen. Zeit ist Geld, die Trauer hat eben ihren Preis.«

»Gründe, meinem alten Hausrock nachzutrauern«, wie noch von Diderot sensibel formuliert, findet man heute nicht mehr, und man sucht sie auch nicht. Diderots köstliche »Warnung an alle, die mehr Geschmack als Geld haben«, beginnt als Klage:

»Warum habe ich ihn nicht behalten? Er paßte zu mir, ich paßte zu ihm. Er schmiegte sich jeder Wendung meines Körpers an; er hat mich nie gestört; er stand mir so gut, daß ich mich ausnahm wie von Künstlerhand gemalt. Der neue, steif und förmlich, macht mich zur Schneiderpuppe.«

Bearbeitetes Vergessen und Verlassen, gehört zu den größten menschlichen Leistungen. Allzu deutlich wird an vielen Entwicklungen sichtbar, daß es das zentrale Projekt der Moderne ist, den Tod, den Schluß vergessen zu machen. »Sterben«, so Thomas Mann, »tun immer die anderen«. Die Nonstop-Society macht den Schluß zum Restrisiko und läßt ihn nur dort noch zu, wo er profitabel erscheint: Konkurse sind nicht mehr das Ende, sondern eine willkommene Möglichkeit zur Sanierung. Hans Albers hat das Programm einer solchen Gesellschaft Lilian Harvey verraten: »Einmal glücklich auf Stunden sein, einmal will ich gebunden sein und dann wieder verschwunden sein – das ist Glück.« So aber können wir den Menschen und den Dingen immer weniger nachgehen und müssen ihnen immer mehr nachlaufen. Und dabei fließt das Leben nicht, es versickert. Denn, so Thomas Mann: »Wo nicht Vergänglichkeit ist, nicht Anfang und Ende, Geburt und Tod, da ist keine Zeit, und Zeitlosigkeit das stehende Nichts, so gut und so schlecht wie dieses, das absolut Uninteressante.«

Segnen wir das Zeitliche bereits als Lebende, nehmen wir uns Zeit für die Abschiede. Inszenieren und genießen wir sie, so wie den Abschluß eines guten Essens mit Hilfe eines köstlichen Desserts (warum nur nennen wir so etwas Wichtiges »Nachtisch«?), denn eine solche Abschiedssymphonie dient ja nicht dazu, den bereits gefüllten Magen zusätzlich zu belasten, sondern dem Geschmack so zu schmeicheln, daß über die kost-bare Erinnerung die Brücke zu neuen geschmackvollen Anfängen gefunden werden kann. So löst man sich ohne Ohnmachtserfahrung und wird frei für das, was danach kommt.

Wer im Leben gerne immer wieder anfängt, sollte dafür sorgen, daß vorher viel beendet wurde. »Es ist also nicht damit getan, daß etwas anfange, was noch nicht war; es muß etwas aufhören, welches war.« (Schiller) Dann ist auch die bange Frage: »Wie wird das alles enden?« beantwortet: »Mit einem guten Anfang eben!«

Der Preis für die Wiedergeburt ist der Tod, und er ist die zwingende Voraussetzung dafür, daß man unsterblich wird. Erst wenn etwas wirklich zu Ende gegangen ist, hat es real stattgefunden. »Jedes Ende, das ist schwer – doch ohne es, kein Anfang wär.« Es bleibt dabei: Wer am *Ende* Sieger ist, hat gewonnen. Wir besitzen noch die Sehnsucht davon, denn nur so konnte die *Schluß*sequenz des Films »Casablanca« zur modernen Kultformel werden: »Dies kann der *Anfang* einer sehr schönen Freundschaft sein.« Ein gut beleuchteter Ausgang.

Abschied

Wie habe ich das gefühlt, was Abschied heißt.
Wie weiß ich's noch: ein dunkles unverwundnes
grausames Etwas, das ein Schönverbundnes
noch einmal zeigt und hinhält und zerreißt.

Wie war ich ohne Wehr, dem zuzuschaun,
das, da es mich, mich rufend, gehen ließ,
zurückblieb, so als wären's alle Fraun
und dennoch klein und weiß und nichts als dies:

Ein Winken, schon nicht mehr auf mich bezogen.
Ein leise Weiterwinkendes –, schon kaum
erklärbar mehr: vielleicht ein Pflaumenbaum,
von dem ein Kuckuck hastig abgeflogen.

Rilke

Zeiten der Liebe

»Die Liebe – ein Kind der Nutzlosigkeit«

>»Nicht jedesmal können Bemühungen belohnt werden.
Manchmal haben Versäumnisse und Unterlassungen
gute Folgen.«
R. Walser

Die Liebe findet man nicht mit dem Kalender in der Tasche
und auch nicht mit der Uhr am Handgelenk. Sie hat kein
Tempo – aber sie hat viel Zeit. Die Zeit der Liebe ist die liebe
Zeit.

Wer die Liebe gewissenhaft plant, vernichtet die glücklichen Momente des Lebens zugunsten liebloser Erfolgserleb-
nisse. Liebe entwickelt sich nur in solchen Situationen, die
von fixierten Erwartungen nicht einengend vorstrukturiert
sind, die sich von der Zeit tragen lassen. Der Platz der Liebe
ist abseits der Verwertung von Zeit. »Wenn man eine Frau
liebt, mißt man nicht Länge und Umfang ihrer Beine« (Picasso) – und am besten vergißt man auch seine Uhr.

Wer wir wirklich sind, das erfahren wir in der Liebe, nicht
in Selbsterfahrungsseminaren und nicht durch die »geliebten« Zeitplansysteme – und wir erfahren es auch nicht dadurch, daß wir zynischen Werbestrategen auf den Leim gehen, die den Absatz von Spielwaren durch den anmaßenden
Slogan »Zeit für Zärtlichkeiten« zu steigern versuchen.

Die Liebe besitzt man nicht, man lebt sie, und man wird
durch sie lebendig; sie lebt vom Zufall und liebt den Zufall.
Der sicherste Weg, die Liebe zu verfehlen, ist die Absicht, sie
zu wollen. Nur als Ungesuchte findet sie sich ein. Steuert man
direkt und planvoll auf sie zu, verkommt sie zur spießbürger-
lichen Orgie. Der gerade, der kürzeste Weg mag uns zu Maxi-
malleistungen führen, der Liebe bringt er uns nicht näher.
Liebe ist eine Verbindlichkeit, die man auf Umwegen und
durch die Nähe zum Zufall erreicht. Kommt man dabei nicht
vom Weg ab, bleibt man auf der Strecke.

»Zudem gibt's Lagen, wo ein Schritt voraus/Und einer
rückwärts gleicherweis' verderblich/Da hält man sich dann
ruhig und erwartet...«
Grillparzer

*

Als »Einheit von Moment und Dauer, als Paradoxie des Augenblicks mit Ewigkeitswert« (Luhmann) lebt die Liebe von
der Widersprüchlichkeit und insbesondere von der Vielfalt
der Zeitformen. Man muß Zeit »verlieren«, d.h. nur jene
Stunden zählen, die nicht gezählt werden. Man muß sich in
die Situation zeitloser Zeit-Verschlungenheit begeben. »Müßiggang« – und dies gilt ebenso für die Liebe – »ist aller Laster
Anfang, aller Tugend Krönung« (Kafka).

Nichts Liebevolles kann sich innerhalb der Alltagshetze
und der täglichen Abwicklungshast eines Lebens auf die Minute entwickeln. Die »schnelle Liebe«, die es ja auch gibt und
die unmittelbaren Zwecken dienstbar ist, findet man bezeich-
nenderweise meist dort, wo auch sonst der Verkehr in beschleunigter Form abläuft – bevorzugt in der Nähe von
Bahnhöfen. Eile kostet Kraft und lenkt ab – und das ist das
Gegenteil dessen, was Liebe benötigt. Lieben heißt geduldi-
ges An-sich-herankommen-Lassen und langsames Herankommen. Nur so läßt sich die Würde des Erlebten, die Substanz der Liebe bewahren. Und dies gilt auch für die Liebe zu
den Dingen – so z.B. für die intensive Beziehung, die man zu
einer in Lindenblütentee getunkten »Madeleine« zu entwik-
keln im Stande ist.

Die Liebenden müssen die Zeit zu einem spielenden Kind
machen; ein Kind, das die soziale Ordnung um es herum und
die anerzogenen Pflichten vergißt. »O Muse, du hast mein
Herz berührt/Mit einem Liebeshauch«, dichtete Mörike
»Auf einer Wanderung«.

Geliebt werden einzig diejenigen, die frei von Absichten Zeit haben zu lieben. Und geliebt wird einzig nur dort, wo man sich zeit-vergessen geben darf und dafür belohnt und nicht – wie sonst so häufig – bestraft wird. Time is honey.

Dies muß jetzt ernstgenommen werden, denn »Schöne Frauen schmücken die Promenade mit ihrer Gegenwart, und ich sitze und schreibe hier?« (R. Walser)

*

Sag, wie wär' es, alter Schragen,
wenn du mal die Brille putztest,
um ein wenig nachzuschlagen,
wie du deine Zeit benutztest.
Oft wohl hätten dich so gerne
weiche Arme warm gebettet;
doch du standest kühl von ferne,
unbewegt, wie angekettet.
Oft wohl kam's, daß du die schöne
Zeit vergrimmtest und vergrolltest,
nur weil diese oder jene
nicht gewollt, so wie du wolltest.
Demnach hast du dich vergebens
meistenteils herumgetrieben;
denn die Summe unseres Lebens
sind die Stunden, wo wir lieben.

Wilhelm Busch

Versuch über die Dauer

»Es muß in diesem Leben mehr als Eile geben«

>Ich kannte einen Hund, der war so groß wie ein Mann, so
arglos wie ein Kind und so weise wie ein Greis. Er schien so
viel Zeit zu haben, wie in ein Menschenleben nicht geht.
Wenn er sich sonnte und einen dabei ansah, war es, als
wollte er sagen: Was eilt ihr so? Und er hätte es gewiß
gesagt, wenn man nur gewartet hätte.«

Karl Kraus

Die Chassidim, die Anhänger einer im 18. Jahrhundert ent-
standenen religiösen Bewegung des osteuropäischen Juden-
tums, die ihre Überzeugungen bevorzugt in lebendigen Geschichten zum Ausdruck brachten, erzählten folgende
Episode:

>Der Rabbi sah einen auf der Straße eilen, ohne rechts und
links zu schauen. ›Warum rennst du so?‹ fragte er ihn. – ›Ich
gehe meinem Erwerb nach‹, antwortete der Mann. – ›Und
woher weißt du‹, fuhr der Rabbi fort zu fragen, ›dein Erwerb
laufe vor dir her, daß du ihm nachjagen mußt? Vielleicht ist er
dir im Rücken, und du brauchst nur innezuhalten, um ihm zu
begegnen, du aber fliehst vor ihm.‹«

Ein kurzer Text, eine schlichte Frage, fast selbstverständlich und naheliegend, und doch stellt sie unser alltägliches
Handeln radikal auf den Kopf. Diese Geschichte macht darauf aufmerksam, daß Hetze, Beschleunigung und Eile etwas
mit Flucht zu tun haben. Anlaß zum – hoffentlich nicht allzu
schnellen – Nachdenken gibt sie deshalb, weil unsere Gesellschaft auf Beschleunigung setzt.

Sind jene, die sich auf Marx in der Realisation ihrer Vorstellung von Gesellschaft beriefen, ganz offensichtlich geschei-
tert, so befolgt die kapitalistische Wirtschaft eine seiner zentralen Erkenntnisse aus den »Grundrissen der Kritik der politischen Ökonomie« immer perfekter: »Ökonomie der Zeit«,
so Marx, »darin löst sich schließlich alle Ökonomie auf.«

Der Zusammenbruch jenes politischen und wirtschaftlichen Systems, das sich so kritiklos auf Marx berief, ist nicht zuletzt auch durch den Sachverhalt mit bestimmt, diese Marxsche Erkenntnis nicht ernstgenommen zu haben. Ganz im Gegensatz zu den Vertretern des kapitalistischen Wirtschaftskonzeptes, die in diesem Fall seltsamerweise die besseren Marxisten sind. Liegt das Scheitern der Planwirtschaft vielleicht auch darin begründet, daß diese nicht jenes Beschleunigungspotential zu aktivieren vermochte, das eine blühende Ökonomie – und d.h. eine in der Konkurrenz erfolgreiche Ökonomie – benötigte?

Für das kapitalistische Wirtschaftssystem ist Zeit eine knappe Ressource – mit der Dynamik zunehmender Knappheit: »Speed -Management«, »Just-in-time«, »Erhöhung der Mobilität, der Flexibilität«, alles das sind heute wohlbekannte Schlagworte, die in den immer rascher sich ablösenden Umorganisationen in den Betrieben ihre praktische Anwendung finden.

Immer wieder gab es in der Geschichte, speziell der Geschichte der Industrialisierung, Phasen starker Beschleunigung. Das ist nichts Neues. Am Ende dieses Jahrhunderts definieren wir nun wiederum den Fortschritt durch die Steigerung der Geschwindigkeit verschiedenster Prozeßabläufe. Im »Zeit-Sparen« als der wichtigsten modernen Tugend drückt sich dies alltäglich aus.

Wir sparen Zeit durch Automatisierung und Rationalisierung, durch Computer, durch Faxe (statt Briefe), durch Kurzzeitpädagogik (statt Bildung), durch Fast-Food (statt Essen), durch Fernsehen (statt Lesen). Die Bahn baut Hochgeschwindigkeitsstrecken, der Flugverkehr hat riesige Zuwachsraten, und auch die Freizeit wird immer schneller. Zeitsparende Arbeitsorganisation, zunehmende Beschleunigung des Arbeitstempos, zeitliche Verdichtung der Arbeitsabläufe sind die Eckpfeiler »fortschrittlicher« industrieller Arbeitspolitik.

Dies hat Folgen.

In all den vielen Umfragen über das, was man vermißt, was man braucht und für notwendig hält, stehen zwei Erwartungen an oberster Stelle: Sicherheit und Zuverlässigkeit. Ein großer Teil der Bevölkerung erlebt die Welt, sich und andere als orientierungslos und unsicher. Die Sozialwissenschaftler haben dafür Begriffe gefunden: Sie sprechen von »Sinnkrise«, »Wertewandel«, »Risikogesellschaft«. Hofmannsthal hat dies bereits viel früher und viel poetischer zum Ausdruck gebracht: »… das Wesen unserer Epoche ist Vieldeutigkeit und Unbestimmtheit. Sie kann nur auf Gleitendem ausruhen und ist sich bewußt, daß es Gleitendes ist, wo andere Generationen an das Feste glaubten.« Daß das, was rasch entsteht, auch rasch vergeht, das ist die Bedrohung, die bei aller Beschleunigung, mit ihren unbestrittenen Vorteilen, immer auch mitproduziert wird. Die Illusion, diesen großangelegten Prozeß des Zeitgewinns ohne Verlust vonstatten gehen zu lassen, wird brüchiger. Und wir merken immer mehr, daß wir die Dialektik von Stabilität und Veränderung, von Beschleunigung und Stillstand, von Sicherheit und Unsicherheit nicht einseitig auflösen dürfen, ohne letztlich Schaden zu nehmen. Dafür zwei Beispiele:

In einer Zeit, in der wir immer häufiger unsere Tätigkeit, unsere Funktionen, unsere beruflichen Aktivitäten wechseln, wird es für uns immer wichtiger, einen Beruf zu erlernen. Gerade weil wir so mobil sind, soviel wechseln, brauchen wir eine Antwort auf die zentralen Fragen des Lebens: Wer bin ich, und wer bist du? Jeder braucht eine Berufsausbildung, auch wenn er den erlernten Beruf dann nicht ausübt. Gerade weil wir mehrere Berufe im Laufe unseres Lebens ausüben, brauchen wir einen, auf den wir uns beziehen, auf den wir und andere uns festlegen können. Der immer häufiger stattfindende Wechsel der Tätigkeiten ist nur dann zu ertragen, wenn wir die Sicherheit eines Berufes haben. Ansonsten wüßten wir nicht mehr, wer wir sind, und wir wüßten es auch nicht von anderen. Der Beruf ist das Eigentumsrecht auf einen anerkannten sozialen Standort. Er ist eine wichtige territoriale Markierung in einer zunehmend mobileren Gesellschaft. Und er ist das um so mehr, je breiter die Berufsgesellschaft durch Flexibilität und Mobilität entwertet wird. Ein Mensch, so eine Weisheit fernöstlicher Philosophie, sucht nicht im fließenden, sondern im stillen Wasser sein Bild zu erblicken. Nur was selbst fest ist, kann anderes festhalten.

Das zweite Beispiel ist die Geschichte von Odysseus. Dieser Odysseus, der all den Gefahren der damals bekannten Welt trotzte, der zehn Jahre umherirrte, nahm all diese lebensbedrohlichen Abenteuer und Erschwernisse – all diese »Mobilität« würden wir heute sagen – nur deshalb auf sich, um wieder zu Hause anzukommen. Aus diesem Mythos schöpfen wir alle, da unsere moderne Gesellschaft uns immer mehr zu Nomaden macht, zu Flexibilität und Mobilität nötigt. Ohne die Hoffnung, die bei Odysseus erfüllt wurde, nach all den bestandenen Mühen und Opfern einer dramatischen Irrfahrt, irgendwann einmal wieder zuhause – und das heißt »bei sich« – anzukommen, wären die Motivation und die Kraft kaum aufzubringen, die Anforderungen des modernen Arbeits- und Lebenssystems zu erfüllen. Die Lust des Unterwegsseins würde zur Last der Heimatlosigkeit. »Nichts«, so der Vers 342 im 15. Gesang der Odyssee, »ist kummervoller als unstet leben und flüchtig!«

Die Bewegung braucht ein Ziel, sonst wird sie zur inhaltsleeren Betriebsamkeit, zum Unterwegs ins Nirgendwo. Wohlgemerkt, ein Ziel, das sich nicht permanent verändert, das – wie bei Odysseus – über einen längeren Zeitraum, bei ihm waren es zehn Jahre, gleichbleibt.

Heute ist der Beschleunigungsdruck so stark, daß wir in Gefahr geraten, die Bodenhaftung zu verlieren. Wir werden tendenziell alle zu Mitgliedern eines riesigen Zirkus: Bereits beim Auspacken treffen wir Vorbereitungen für das Weiterziehen. Dieses Leben aus dem Koffer ist nur zu ertragen, wenn die berechtigte Hoffnung besteht, daß damit auch einmal Schluß ist, daß man dort irgendwann einmal ankommt, wo man gerne bleibt. »Wenn das bloß dauert«, sagte Napoleons Mutter ängstlich, als ihr rastloser Sohn sie voller Stolz auf das Erreichte hinwies. Es dauerte nicht.

*

Was wir nötig haben, sind zeitliche Sicherheiten, sind Orientierungen, die den Weg und das Ziel markieren. Wir müssen uns und das Geschehen um uns herum, zeitlich verorten können. »Menschliches Zusammenleben«, so schreibt Luhmann, »ist nur möglich in einer Lebenswelt, die gemeinsam ausgelegt und verstanden wird, eine erwartbare Ordnung aufweist und hinreichende Anknüpfungspunkte für übereinstimmende Erfahrungen, Kommunikation und sonstige Handlungen bietet.« Das heißt: Wir benötigen feste, verläßliche und dauerhafte Strukturen. Nur in ihnen können wir uns ohne Orientierungsverlust rasch und eventuell noch rascher bewegen.

Unser soziales Leben würde zerfallen, wenn es nicht hinreichend regelmäßig und zuverlässig organisiert wäre. Eine relativ stabile Zeitstruktur wird umso wichtiger, je vielfältiger und flexibler die Handlungsmöglichkeiten der einzelnen sind. »Leben«, so Georg Picht, »kann nur gedeihen, wenn zwischen den stabilisierenden und den verändernden Faktoren ein relativ konstantes Gleichgewicht herrscht.« Erfolgreich und überlebensfähig sind nur solche Systeme, die das Gleichgewicht von Beschleunigung und Behutsamkeit, von Wandel und Dauer in der Balance halten. »Eile mit Weile«, übrigens ein Topos der Renaissance, der im Schildkrötenbrunnen auf der Piazza Mattei, inmitten des römischen Ghettos, seinen dauerhaften Ausdruck gefunden hat. Von Dauer und Wechsel leben die Welt und die Menschen in ihr. Und es ist beruhigend, zu wissen und immer wieder zu erfahren, daß alle jene, denen es im Leben nicht schnell genug geht, doch immer auch ein Interesse daran haben, daß es mit ihnen selbst jedoch nicht allzuschnell ginge.

Es ist die Dauer, die es uns ermöglicht zu begreifen, daß etwas ist, etwas war und etwas sein wird. Die Dauer verbindet Vergangenheit, Gegenwart und Zukunft. Sie macht uns hierdurch sicher und stabil und macht die Abläufe und die Aktivitäten verläßlich.

Das etymologische Wörterbuch gibt dazu folgende Auskunft: Das Verb »dauern« bedeutet: »währen«, »fortbestehen«, »sich erstrecken«, »Bestand haben«, »aushalten«, »standhalten«. Das Substantiv »Dauer« steht für: »zeitliche Erstreckung«, »Haltbarkeit«. Im historischen Wörterbuch der Philosophie (Wieland) findet man eine Präzisierung: »›Dauer‹ meint hier zumeist ein bestimmtes Zeitintervall, oft im Hinblick auf ein innerhalb seiner ablaufendes Geschehen. Im besonderen wird Dauer dann dem zugesprochen, was in diesem Intervall unverändert bleibt«. Es ist eben diese Bedeutung, die Kant für seine inhaltliche Bestimmung dessen, was »Dauer« ist, heranzieht. »Durch das Beharrliche allein«, so formuliert er in der »Kritik der reinen Vernunft«, »bekommt das Dasein in verschiedenen Teilen der Zeitreihe nacheinander eine Größe, die man Dauer nennt.« In dieser Definition begegnen wir dem Begriff der »Beharrlichkeit«, dem wir die jüngeren Begriffe von »Sicherheit«, »Verläßlichkeit« und »Identität« zuordnen können.

Wer in seiner Lebenszeit und im Leben mit anderen Kontinuität gewinnen will, muß die Erfahrung von Dauer, d.h. von dimensionierter Zeit, gemacht haben und immer wieder machen. Die Dauer bietet Schutz und Unterkunft in einer zunehmend schutzlosen und unbehausten modernen Welt. Dadurch, daß etwas »dauert«, wissen und erleben wir, daß etwas wirklich ist – und nicht nur schemenhaft an uns vorbeirauscht. Ohne Dauer ist eben nichts dauerhaft, es hat keinen Bestand. Wir würden uns nicht in Zeiträumen bewegen, sondern von Zeitpunkt zu Zeitpunkt hetzen, getrieben werden und uns treiben lassen. Das Leben wird zur Ansammlung diskontinuierlicher Augenblicke. Die Anzeichen, daß wir uns auf dem Wege dorthin befinden, werden sichtbarer:

Die modernen Transportmittel unserer Hochgeschwindigkeitsgesellschaft lassen die Erfolge von zeitlicher und räumlicher Ausdehnung, von Übergängen, von Zusammenhängen zunehmend weniger zu. Verantwortliches Handeln dagegen, dies gilt insbesondere für soziale und politische, aber auch für wirtschaftliche Aktivitäten, zeichnet sich dadurch aus, daß es wichtige Teile der Vergangenheit in die Gegenwart fortsetzt und die Zukunft aus dem Gegenwärtigen heraus entwickelt. Nur so kann »Dauer« erfahren und der Wandel »dauerhaft« gesichert werden. Dies verschafft der Entwicklung Dauer und der Dauer Entwicklung, und es läßt die Schnelligkeit, den raschen Wandel und die Dynamisierung der Verhältnisse nicht kontraproduktiv werden. Die Dauer bewahrt uns vor dem Verschlissenwerden im Mahlstrom der Veränderung. Sie rettet die Beschleunigung vor dem Chaos.

»Wir sind Etwas, was wechselt, und Etwas, das dauert.« (Borges)

Wir benötigen Bewährtes und Bewahrendes, um das Gute vom Schlechten, das Richtige vom Falschen zu unterscheiden. Nur wenn wir Gesehenes, Gesagtes, Erfahrenes als Identisches wiedererkennen, entwickeln wir Gewißheit. Der Verlust von Genauigkeit und Tiefe, der durch die wachsende Geschwindigkeit der Systemabläufe heutzutage notwendigerweise entsteht, benötigt ein Korrektiv; und dieses muß der Beschleunigungsdrift und der Veränderungshektik entzogen sein. Gegen diese Einsicht verstoßen wir nur allzu häufig: Entscheidungen werden getroffen, ohne sie hinsichtlich ihrer Umkehrbarkeit und ihrer Auswirkungen auf die Zukunft hin zu überprüfen. Gegen das Prinzip von »Versuch und Irrtum«, das für die Gesellschaft und besonders für die Wissenschaft wichtigste Entwicklungsmodell, verstoßen wir zunehmend öfter, eben weil wir uns keine Zeit mehr zum Erfahrungmachen lassen und weil wir die Spielregeln, an denen wir den möglichen Irrtum feststellen könnten, in immer rascherer Folge ändern. Hierdurch reduzieren wir unsere Lernmöglichkeiten entscheidend. Die Verletzbarkeit der ökologischen und der sozialen Systeme nimmt zu – und damit die Verletzbarkeit jedes einzelnen. Nur wer sich auf etwas Dauerhaftes beziehen und für sich selbst auch Dauer in Anspruch nehmen kann, vermag sich dem Neuen gegenüber zu öffnen. Weil diese Offenheit für den Wandel in den fortgeschrittenen Industriegesellschaften unverzichtbar ist, sind diese auch besonders stabilisierungsbedürftig.

Peter Handke hat der Dauer ein langes Gedicht gewidmet. Es ist ein Liebesgedicht geworden. Er beschreibt »das Gefühl der Dauer« als »ein Ereignis des Aufhorchens,/ein Ereignis des Innewerdens,/ein Ereignis des Umfangenwerdens,/ein Ereignis des Eingeholtwerdens,/wovon? Von einer zusätzlichen Sonne, …«.

Er spricht »von der Wärme der Dauer,/von der Tröstung der Dauer,« und er erkennt, »daß sie nur möglich wird,/wenn es gelingt,/bei meiner Sache zu bleiben/ und dabei behutsam zu sein,/aufmerksam, langsam,/voll Geistesgegenwart bis in die Fingerspitzen.« »Wer nie die Dauer erfuhr,/hat nicht gelebt«, meint Handke am Ende seines Gedichtes.

Straße

Hauptmann. Doktor
Hauptmann keucht die Straße herunter, hält an,
keucht, sieht sich um.
Hauptmann. Wohin so eilig, geehrtester Herr Sargnagel?
Doktor. Wohin so langsam, geehrtester Herr Exerziernagel?
Hauptmann. Nehmen Sie sich Zeit, wertester Grabstein.
Doktor. Ich stehle meine Zeit nicht wie Sie, Wertester.
Hauptmann. Laufe Sie nicht so, Herr Doktor. Ein guter Mensch geht nicht so schnell. Hähähä, ein guter Mensch, (schnauft) ein guter Mensch. Sie hetzen sich ja hinter dem Tod drein, Sie mache mir ganz Angst.
Doktor. Pressiert, Herr Hauptmann, pressiert.
Hauptmann. Herr Sargnagel, Sie schleifen sich ja so ihre kleine Bein ganz auf dem Pflaster ab. Reiten Sie doch nicht auf Ihrem Stock in die Luft.

Georg Büchner, Woyzeck

Schwellenzeiten

»Es ist gleich wieder vorbei, nur ein Übergang«

»Das Merkwürdige an einem Loch ist der Rand.«
Kurt Tucholsky

Es sind die *Übergänge*, die in der verschärften Modernisierungsphase, in der wir uns am Ende dieses Jahrtausends befinden, das wichtigste soziale und technologische Rationalisierungspotential abgeben.

Autos, die früher Zeit zum Warmlaufen brauchten, können heute sofort gestartet werden, das Fernsehgerät liefert das Bild inzwischen mit der Betätigung des Einschaltknopfes, Faxgeräte ersetzen die Übergangszeiten, die ein Brief zwischen Absender und Empfänger benötigt, im Kino werden Vorfilme durch Werbung ersetzt, und vielen ist die Übergangszeit zwischen dem Verlassen der Wohnung und der Kasse des Lichtspieltheaters lästig – das Fernsehen ist die übergangslose Alternative. »Just-in-time« ist die Maxime, mit der in der Industrie die kostenintensiven Lager abgebaut werden, und Just-in-time haben wir auch heute in Sekundenschnelle auf alles Gespeicherte Zugriff.

In der Arbeitswelt findet der Bedienungswechsel an den kontinuierlich laufenden Maschinen und Geräten nahtlos, d.h. übergangslos, statt.

Wo dies noch nicht der Fall ist, werden Rationalisierungslücken diagnostiziert.

Mit der Folge, daß die Intensität der Produktion immer häufiger die Belastbarkeit innerer und äußerer Natur übersteigt. Die Arbeitsgerichte unterstützen diese Tendenz durch ihre Entscheidungen:

Umkleiden zählt nicht zur Arbeitszeit

Kassel (AP) – Das An- und Ausziehen der Arbeitskleidung im Betrieb zählt dem Bundesarbeitsgericht zufolge
nicht zur Arbeitszeit, wenn für deren Beginn und Ende
aufgrund der betrieblichen Regelung die Anwesenheit am
Arbeitsplatz entscheidend ist. Das gelte auch dann, wenn
die Arbeitskleidung aus hygienischen Gründen getragen
werden muß und vom Arbeitgeber zur Verfügung gestellt
wird. (Aktenzeichen: 5 AZR 934/93)

Süddeutsche Zeitung vom 26/7/95

Die Übergänge werden zu Randzonen des Alltags und werden deshalb – wie man aus der Geschichte weiß – häufig diskriminiert und eliminiert.

Auch Arbeitszeitverkürzungen führen nicht selten zur Reduktion von Übergangszeiten. Insbesondere gilt dies für jene
notwendigen Zeiträume, die am Anfang und am Ende von
Arbeitsprozessen zum Erhalt der Gesundheit und der Arbeitskraft physiologisch notwendig sind. Der Beginn
menschlicher Aktivitäten ist durch Umstellungsreaktionen
des Muskelstoffwechsels, der Muskeldurchblutung, der
Herz- und Atmungstätigkeit gekennzeichnet. Erst nach mehreren Minuten tritt bei Übergängen von einer Arbeit zur anderen ein neuer Gleichgewichtszustand ein, so die arbeitsme-
dizinischen Forschungsergebnisse.

Der menschliche Körper benötigt eine Anlaufzeit. Die
physiologische Leistungskurve kann nicht durch äußere Ein-
flüsse beseitigt werden. Wird sie nicht beachtet, heißt das in
den meisten Fällen: Verletzung der menschlichen Natur mit
negativen Folgen für die Gesundheit der Betroffenen. Sams-
tags und dann wieder zu Wochenbeginn (also am Montag-
morgen) ist für Männer – so die eindeutigen Aussagen der

Statistik – das Risiko am größten, einen Herzinfarkt zu erleiden. Bei Nichtberufstätigen hingegen haben die Wochentage keinen Einfluß auf die Häufigkeit der Herzanfälle.

Es gilt inzwischen als technologischer Fortschritt, wenn die Anlaufzeiten (das Warmlaufen) von Geräten und Maschinen wegrationalisiert werden. Die Arbeitsmittel sind heutzutage sofort einsatzbereit. Es wird nicht mehr angefangen, es wird eingeschaltet. Das aber ist ein »unmenschliches« Zeitmaß für den Beginn von Arbeitsprozessen.

Ähnliches gilt auch für soziale Entwicklungen. Sie benötigen ebenso Warmlaufzeiten. Eine Arbeitsgruppe, wie jede andere Gruppe auch, braucht Zeit, um arbeits- und kontaktfähig zu werden. Wollen wir nicht völlig vereinzeln und sozial verarmen, müssen Anfangs- und Abschlußzeiten sozial arrangiert werden. Wir brauchen dazwischenliegende Zeiten und dazwischenliegende Räume. Man kann das Soziale nicht einfach ein- und abschalten. Wenn man es versucht, zerstört man es, wie wir das beim Essen bereits erleben: immer mehr wird nacheinander, immer weniger miteinander gegessen. Im wahrsten Sinne des Wortes werden wir alle zu Eigenbrötlern.

Dazu zwei Funde aus der Archäologie des Alltäglichen. Der erste bezieht sich auf Veränderungen unseres sozialen Arrangements bei den Essenszeiten. Er heißt: »Gesegnete Mahlzeit«.

Aus vielen Kulturen ist bekannt, daß vor und/oder nach dem Essen Gebete oder Segnungen üblich waren. Für den europäischen Raum zeigt die Geschichte der bürgerlichen Anstandslehren eine Veränderung vom lauten zum stillen Tischgebet und neuerdings dann eine völlige Ignoranz dieses Rituals.

Tischgebete waren nicht nur ein Ausdruck von Frömmigkeit. Sie dienten auch der sozialen Organisation des Beginnens und des Abschließens von Mahl-Zeiten. Man wartete, bis alle am Tisch Platz genommen hatten, um mit dem Gebet das Startsignal zum Essen zu geben, und man blieb solange am Tisch sitzen, bis durch das Abschlußgebet die Vereinzelung wieder zeremoniell gestaltet wurde.

Mit dem Wegfall der Tischgebete ist nicht nur der Ausdruck von Frömmigkeit geringer geworden, sozial wird auch das Beginnen und das Beenden nicht mehr organisiert. Man fängt an und hört auf, wann man es für richtig hält. Man kommt, wann man will und steht auch wieder auf, wenn man glaubt, genug gegessen zu haben. Durch den Verlust des gemeinschaftsstiftenden Elements des Gebets vereinsamen die Essenden. Weil wir so schnell sind, werden wir immer einsamer und können die Einsamkeit immer weniger ertragen. Der Effekt: 60% der Italiener – so eine Zeitungsmeldung – schauen beim Essen fern. Bei uns ist es noch nicht so schlimm, dafür ersetzt die umsatzträchtige Erlebnisgastronomie die Gemeinsamkeit der Essenden. In einem Fast-Food-Restaurant, vor dem Verzehr eines Big Macs, ein Tischgebet zu sprechen (auch wenn man bitten würde: »Herr, laß Deinen Segen über diese Tische fegen«), wäre so ziemlich das Komischste, was man sich vorstellen kann. Fast-Food-Essen und Stehpartys sind übergangslose Ereignisse.

Der zweite Fund stammt aus dem Gebiet der Stadtplanung. Raum und Zeit sind ja, wie Nabokov das so treffend nennt, »ein altes Ehepaar«. Seit Mitte des 19. Jahrhunderts wurden Vorgärten zu einem systematischen Gestaltungselement der Stadtplaner. Vorgärten waren Bindeglieder zwischen Straße und Haus und damit Übergänge zwischen öffentlichem und privatem Raum. Sie erweiterten die Öffentlichkeit hin zur Privatheit und die Privatheit in Richtung Öffentlichkeit. Die Stadtkultur wurde sichtbar und erfahrbar mit Nachbarschaft verbunden. Der Vorgarten fungierte als soziale Schwelle. Diese kleinen Zwischenräume waren es, in denen das Ankommen und das Verabschieden stattfanden. Dies galt zwar generell für alle Altersstufen, besonders aber für jene, die ihren ersten Liebesbeziehungen Gestalt gaben.

In der zweiten Hälfte unseres Jahrhunderts hat sich städtebaulich diesbezüglich Einschneidendes verändert. Die Vorgärten wurden zum Abstandsgrün zwischen den Hochhäusern und manchmal auch zum Straßenbegleitgrün an Schnellstraßen. Die Areale des Ankommens und des Verabschiedens wurden vielerorts der Verbreiterung der Straßen und der Bereitstellung zusätzlichen Parkraums für das geliebte Automobil geopfert. Erst in letzter Zeit beginnt man, weniger unter sozialer, eher unter ökologischer Perspektive, die Vorgärten wieder zu schätzen. Dies läßt jedoch keine Renaissance der verlorengegangenen Übergangskultur erwarten, viel eher beabsichtigt man, der Lösung des drängenden Platzproblems für eine wachsende Anzahl von Mülltonnen damit näherzukommen. Trotzdem und gerade deshalb: Lassen Sie uns die Vorgärten loben und pflegen, nicht nur jene zwischen Straße und Haus, auch die, die das Wachsein vom Schlafen trennen (das Betthupferl, die Lektüre im Bett), und die, die Arbeitszeit und die arbeitsfreie Zeit unterscheiden und verbinden (der Feierabend, das Wochenende). Durch sie gewinnen wir den Raum, die Zeit und die Kraft, mit dem Rücken zur Wirklichkeit zu stehen.

An diesen beiden Beispielen, aus alltagskultureller und aus städtebaulicher Sicht, läßt sich die gesellschaftliche Veränderung von Zeitqualitäten des Übergangs ablesen. Bei zunehmendem ökonomischen Druck, in einfältiger Kurzfristperspektive kosten Übergänge Zeit. Ihre eigene Zeitqualität, die ja eine besondere Lebensqualität ausdrückt, wird nicht mehr anerkannt. Wer nur noch ein- und aus- und umschaltet, entleert Übergänge ihrer wichtigen Mittlerfunktion. Die Konsequenz: In vielen Lebensbereichen fallen wir inzwischen immer häufiger mit der Tür ins Haus – und wieder raus.

Achtlos gehen wir auch mit der täglich zweimal erlebbaren Übergangszeit, der Dämmerung, um. Das ist diejenige Zeit zwischen der vollständigen Nachtdunkelheit und der Taghelligkeit bei Sonnenaufgang oder Sonnenuntergang, in der die Helligkeit sichtbar und spürbar ab- bzw. zunimmt. Es ist die kreativste Zeit des Tages. In ihr wird erfahrbar und erlebbar, wie aus einem etwas anderes wird. Die Dämmerung ist das Erlebnis der Differenz, das Dazwischen, das die Grenze markiert und sie gleichzeitig überwindet. In der Dämmerung dämmert es uns, in ihr verschieben sich die Gewichte der Dinge. Sie ist für die herrschende Ordnung gefährlich. Mit Recht wird sie als zwielichtig gefürchtet.

Das Übergängliche, die Schwelle, die Passage, das hat Literaten und Philosophen häufig interessiert. Sie sahen darin ein räumliches und ein zeitliches Symbol für den Sachverhalt, daß der Mensch ein Wanderer zwischen verschiedenen Welten ist. Der kundigste unter ihnen war Walter Benjamin, der sich die Welt und insbesondere die Städte, in denen er lebte, über deren »Schwellen« anzueignen versuchte. Er spricht vom »Schwellenzauber« und von dem Sachverhalt, daß wir an »Schwellenerfahrungen« arm geworden sind. Das moderne Leben nivelliert die Übergänge, macht sie »unkenntlicher und unerlebter«.

Ehrfurcht vor Passagen hatten bereits die Römer: Jene Person, die für Übergänge in besonderem Maße verantwortlich war, der Brückenbauer, der Pontifex, hatte neben seiner Funktion als Ingenieur auch noch die des Priesters. Mit Opfern mußte der Flußgott besänftigt werden, da er sich, wenn man über ihm eine Verbindung von einem Ufer zum anderen baute, zu erregen pflegte.

Verbindend, aber auch gefährlich, sind Übergänge. Daher waren Schwellenhandlungen oft mit Ritualen und Zeremonien gekoppelt. In kleiner Form haben wir sie uns ab und zu noch erhalten. Da baden die einen täglich nach der Arbeit, um sich das vom Leibe zu waschen, was man gerne wieder los ist; andere legen sich erst mal aufs Ohr, lesen regelmäßig die Zeitung oder machen einen kleinen Spaziergang. In solch kleinen Zeremonien des Alltags wird mit symbolischem Ausdruck die Zwischenzeit des Übergangs verdeutlicht und für sich selbst und andere nachvollziehbar gestaltet.

Übergänge sind Zwischenzeiten und Zwischenräume mit Krisencharakter. Sie füllen das aus, was zwischen Vertrautem und Ungewissem liegt und verbinden Lebensbereiche. Sie differenzieren und setzen Grenzen und lassen sie die Menschen erleben.

Ein augenfälliges Beispiel dafür, daß wir für unser psychodynamisches Gleichgewicht Übergänge benötigen, läßt sich bei Kleinkindern beobachten. Diese klammern sich in Situationen, in denen Neues, Unbekanntes auf sie zukommt, an sogenannte »Übergangsobjekte«. Dies sind beispielsweise Teddybären, Puppen, Kopfkissen oder Zipfel von Decken, die bekannten Schmuselappen. Der Psychoanalytiker Winnicott befaßt sich detailliert mit diesem Phänomen. Er sieht darin einen normalen, stabilisierenden Vorgang, der es dem Kind erlaubt, den Übergang von der Mutterbeziehung zu Annäherungen an Personen und Objekte in entlasteter Form zu vollziehen.

Und einige Jahre später, anläßlich der Firmung, jener katholischen Form des rituellen Übergangs von der Kindheit zur Jugend, werden dann bevorzugt Uhren verschenkt. Ein treffendes Symbol dafür, daß die Zeit der Kindheit zu Ende ist und die Zeit der Uhr beginnt.

Übergänge sind – dies gilt auch für Erwachsene – Balancierstangen des Lebens. Sie sorgen für Kontinuität durch Diskontinuitäten und Zwischenzustände. Sie dementieren das nahtlose Fortschreiten. Deshalb, weil sie der illusorischen Grenzenlosigkeit, genauso wie der zwanghaft scharfen Abgrenzung, Widerstand entgegensetzen, werden sie nicht geliebt, nicht einmal respektiert, sondern immer mehr verachtet. Schade! Laßt die Übergänge leben!

*

Luftveränderung

Fahre mit der Eisenbahn,
fahre, Junge, fahre!
Auf dem Deck vom Wasserkahn
wehen deine Haare.

Tauch in fremde Städte ein,
lauf in fremde Gassen;
höre fremde Menschen schrein,
trink aus fremden Tassen.

Flieh Betrieb und Telefon,
grab in alten Schmökern,
sieh am Seinekai, mein Sohn,
Weisheit still verhökern.

Lauf in Afrika umher,
reite durch Oasen;
lausche auf ein blaues Meer,
hör den Mistral blasen!

Wie du auch die Welt durchflitzt
ohne Rast und Ruh -:
Hinten auf dem Puffer sitzt
du.

Kurt Tucholsky

Langsamkeit

»Jetzt mal langsam, es eilt nämlich«

> »Besser will es nicht werden,
> aber vielleicht langsamer?«
> *(E. Canetti)*

Der Dauerlauf des Zeitgeistes prämiert die Beschleunigung. Es fällt uns leichter, schnell als langsam zu sein. Diejenigen, die dabei nicht mitkommen, werden zu »Immobilen« gemacht. Abgefedert wird diese soziale Diskriminierung durch die Einführung von Bereichen, in denen Tempolimits gelten.

Der Präsident des Bundesverbandes der Deutschen Industrie begründet die Beschleunigungsdrift der Wirtschaft mit der Aussage: »Im Innovationswettlauf zählt jeder Tag«. Er hat dabei zumindest all jene Autofahrer auf seiner Seite, die plakativen Einblick in ihr vom Äußerungszwang geprägtes Innenleben durch den Aufkleber »Lieber tot als zweiter« allen Hinterherfahrenden gewähren. Ganz anderer Meinung war Franz Kafka. Seine Erzählung »Zum Nachdenken für Herrenreiter« beginnt mit dem Satz: »Nichts, wenn man es überlegt, kann dazu verlocken, in einem Wettrennen der erste sein zu wollen.«

Profitieren die einen von der konkurrenzorientierten Kapitalisierung der Zeit oder glauben zumindest, daß ihnen dies Vorteile bringt, so können andere – wie z.B. Kafka – mit dieser Logik wenig anfangen.

Das große Rennen, das wir Leben nennen, gewinnen ja nicht die Schnellen, sondern eher die Langsamen, diejenigen nämlich, die zuletzt sterben. Das ahnt auch noch der gestreßteste Manager, der mit dem Blick auf die Uhr das Arbeitsessen hektisch absolviert und der den Wirtschaftsteil der Tageszeitung zur Gute-Nacht-Lektüre mißbraucht. Das schlechte Gewissen veranlaßt ihn, seine Kinder und seine Frau mit teuren Geschenken zu überhäufen und die gemeinsame Lebensgestaltung auf einen späteren Zeitpunkt zu verschieben: »Nächstes Jahr machen wir dann mal richtig Urlaub!«

Wenn diese gehetzten Menschen, die durch Beschleunigung der Eile zu entkommen versuchen, sich Zeit nehmen würden, auch einmal an ihre Kindheit zurückzudenken, dann fiele ihnen ein, daß sie als Schulkind zwar lärmend und fliehend das Schulhaus in raschem Laufschritt verließen, sich aber anschließend trödelnd, langsam schlendernd und umwegig ihrer Haustüre näherten – an der die Mutter vorwurfsvoll fragte: »Wo bist du denn so lange geblieben?« Irgendwie spürt jeder rastlose, hektische Mensch, daß es der Teufel ist, der zur Eile treibt, wie dies in einem italienischen Sprichwort behauptet wird. Wer aber die Zeit nicht immer nur bekämpfen will, wer sie auf seiner Seite haben möchte (»time is on my side«), der muß auch die Langsamkeit ehren, lieben und leben.

Das ist nicht als nostalgischer Blick auf vergangene Zeiten und als Appell, diese wiederzubeleben, zu verstehen. Die Zeiten lassen sich nicht zurückdrehen – aber sie lassen sich verändern.

Das beschleunigungsorientierte Bewegungs- und Leistungsideal, das die Überschreitung der räumlich-zeitlichen Grenzen, die uns von der Natur gesetzt sind, als Fortschritt feiert, ist heute nicht mehr unumstritten. Die problematischen Folgen sind sichtbar und spürbar. Läßt sich der Produktionsprozeß auch weiter zeitlich forcieren – und darauf sind die Innovationen dort ausgerichtet –, so ist die Geschwindigkeit im Hinblick auf die Reproduktion unserer Arbeitskraft nur in beschränktem Maße steigerbar. Die kürzere Erholung, der schnellere Schlaf, die raschere Entspannung, das alles verspricht ebensowenig Erfolg – glücklicherweise – wie die Beschleunigung von sozialen Ereignissen, von Lernvorgängen, von menschlichen Entwicklungsschritten. Zwar verdienen viele Managementinstitute eine Menge Geld durch die Beratung jener Unternehmen, die schneller und billiger produzieren wollen, Unternehmer und Berater machen dabei aber häufig auch die Erfahrung, daß die sozialen und organisatorischen Abläufe und Strukturen der Beschleunigungsabsicht nur sehr eingeschränkt gehorchen. Das Bemühen, nach Gutdünken über Raum und Zeit verfügen zu können, was ja das Wesensmerkmal der technisch-industriellen Dynamik ist, gilt heute nicht mehr als unproblematisch. Das Mißtrauen in das Prinzip der »allseitigen Zeitmaximierung« ist gestiegen, nicht zuletzt durch die Erfahrung, daß Beschleunigung auch dann zu einem schnelleren Ende führt, wenn man dieses weder erwartet noch erhofft.

In einer inzwischen flächendeckenden Mediengesellschaft ist daran zu erinnern, daß eine der ersten uns bekannten eiligen Nachrichtenübermittlungen, die vom Sieg der Athener in der Schlacht von Marathon, mit dem Tode des sich hetzenden Botschafters endete.

Daß wir mit mehr Schnelligkeit zu größerem materiellen Gewinn kommen können, erleben wir täglich, daß aber jene Formen unserer Existenz, die nicht mit Geld zu kaufen sind, wie z.B. Zuneigung, Dankbarkeit, Liebe, Geschmack, andere als eilige Zeitformen benötigen, dies spüren wir immer deutlicher. Die Wünsche, ab und zu hinter sich blicken zu können, einmal aufzuatmen, um den Dauergalopp zu den rasch und rascher wechselnden Zielen zu unterbrechen, nehmen zu. Auszusteigen aus der unbefriedigenden Hetze der zirkulären Alltagsrationalität, die zu immer mehr Oberflächlichkeit führt, welche dann wiederum Beschleunigung zur Folge hat, wird immer hörbarer als Forderung und Hoffnung artikuliert. Die Frage: »Was bleibt von den Zeitgewinnen übrig?« wird inzwischen nicht mehr nur leise gestellt. Die Suche nach der gewonnenen Zeit wird häufiger aufgenommen. Die Vermutung, daß die Zeitgewinne zum Teil trügerisch sind und nicht unbedingt das erwartete und versprochene Mehr an Lebensqualität bringen, wird stärker und hörbarer. Dies gilt nicht nur für den betrieblichen Produktionsprozeß, sondern auch – wie man am eigenen Leib erfahren muß und kann – für die moderne Haushaltsführung.

»Dank vorgefertigter Produkte und Mikrowelle verkürzt sich nachweislich die Zeit, die man für die reine Zubereitung der Nahrungsmittel benötigt. Dafür jedoch nimmt in fast gleichem Maße die Zeit zu, die man dafür verwendet, die Lebensmittel einzukaufen, weil es z.B. den Laden um die Ecke nicht mehr gibt (die Läden vielmehr im Schnitt 8 km von zu Hause entfernt liegen); und weil die sogenannten Rüst- und Reinigungszeiten durch die zu hohe Technisierung der Küche zunehmen. Statt Kartoffeln schrubben wir die Moulinex und lesen Betriebsanleitungen. Unterm Strich – so belehrt uns die Haushaltswissenschaft – scheint in Sachen Zeit auch in der Küche zu gelten: wie gewonnen, so zerronnen.« (M. Schneider)

*

Wer sich Zeit läßt, Geschmack zu entwickeln und zu pflegen, wird permanent und überall in frustrierender Art und Weise daran erinnert, daß der Entwicklungsprozeß von Milchprodukten, der des Obstes sowie der des Fleisches manipuliert und beschleunigt wird. Dies findet neuerdings u.a. seine organisatorische Gegenreaktion in der »Slow-food-Bewegung«, die auf den Sachverhalt aufmerksam zu machen versucht, daß es zum Fast-food eine Alternative gibt. Solche Anti-Bewegungen sind auch in anderen Bereichen zu erkennen. Die »Entdeckung der Langsamkeit« (Nadolny) ist zum Bestseller geworden; und das Buch wird – völlig verschieden von den sonst üblichen raschen Verkaufszyklen des Buchhandels – bereits über ein Jahrzehnt erfolgreich verkauft. Wirtschaftswissenschaftler machen darauf aufmerksam, daß die Innovationen, die der Beschleunigung dienen, Langsamkeit, Beharrlichkeit und Geduld voraussetzen – sowohl bei ihrer Entwicklung als auch bei ihrem Einsatz in den Unternehmen. Nur mehr selten kann es sich heute eine städtische Ansiedlung erlauben, keine verkehrsberuhigte Zone, in der die zu Fuß Gehenden gegenüber den schnellen Autos größere Rechte haben, einzurichten – und die dort angesiedelten Geschäftsleute haben inzwischen sogar den ökonomischen Nutzen dieser »Bereiche der Langsamkeit« erkannt. Rationell geplant und effektiv realisiert wird auch der Markt jener Bildungs- und Freizeitangebote, der alternative Zeiterfahrungsformen im Kontrast zur Schnelligkeit unseres Alltags anbietet. Nach Meditationsformen, asiatischen Philosophien und Religionen, zeitverzögernden Bewegungs- und Körpertechniken besteht eine große Nachfrage. Ebenso nach Musik, die der Entspannung dient. Unübersehbar ist das Bedürfnis nach einem Anhalten, einem Verlangsamen der industriegesellschaftlichen Zeitdynamik. Dies bleibt nicht ohne Widersprüche.

Man will in die uhrzeitlose Welt entführt werden – aber kurz vor Ladenschluß wieder zurück sein. Und alle merken, »daß es so leicht ist, nichts mehr tun zu wollen. Daß es uns so schwer fällt, wirklich nichts zu tun.« (Bloch)

Die Sehnsucht nach Langsamkeit, nach dem Ausstieg aus der Zeithetze, nimmt in dem Maße zu, wie die Chancen ihrer Erfüllung abnehmen. Wir sind immer auf dem Sprung irgendwohin – manchmal auch zu einem Yoga-Kurs.

In dem von der Deutschen Verkehrswacht ehemals tausendfach an den Schnellstraßen plakatierten Motto: »Nimm dir Zeit und nicht das Leben« steckt die tiefe Erkenntnis, daß Schnelligkeit lebensfeindlich ist, daß wir an dem, was Leben ausmacht, mit Hochgeschwindigkeit vorbeirauschen. Mephisto ist es, der den Faust zur Eile treibt, und dieses Teuflische an der Hetze wird immer offensichtlicher . »Ohne Langsamkeit«, so Nadolny, »kann man nichts machen, nicht einmal Revolution.«

Das Langsame, das Bedächtige, ist eine wichtige Produktivkraft. Vieles, auf das wir nicht verzichten können, vieles, was zentraler Bestandteil des Lebendigen und dessen Entwicklung ist, kann nur durch und mit Langsamkeit geschützt und befördert werden. Diese erst ermöglicht die Freiheit des Denkens, des Fragens und die Entwicklung der Sinne (man kommt eben nur langsam zu Sinnen). »Wenn du nicht langsamer machst, kommst du nie dahinter« – ermahnt Harvey Keitel seinen ungeduldigen Kommunikationspartner im Kino. Der Atem der Dinge, der Atem derer, die einem nahestehen, ist nur dort zu spüren und zu erleben, wo man sich ihnen zögernd nähert. Menschen, die beratend tätig sind, wissen, daß sich ohne Abwarten, ohne das, was man »schwebende Aufmerksamkeit« nennt, kein Bild von den zu beratenden Personen und deren Problemlagen entwickeln kann.

Das Nahe und das Naheliegende übersehen wir, wenn wir nicht langsam sind. Nur die Geduldigen öffnen sich, greifen zögernd ein. Staunend sind sie in der Lage, sich der Mitwelt zuzuwenden – und sich selbst ebenso. Denn nur jene, die nicht eilig sind, können sich selbst zum »ungeschminkten Gesellschafter« (Hermann Hesse) haben. Nur mit Hilfe von Langsamkeit und Besinnung entwickelt sich die Vielfältigkeit der Wahrnehmung, entwickeln sich Gründlichkeit, Gerechtigkeit und Verantwortungsbewußtsein. Zerdehnte Zeit, die wir Langsamkeit nennen, ist daher keine Zeit der Untätigkeit, sie ist produktiv und unverzichtbar.

*

So ist es beispielsweise eine Erfahrung, die alltäglich möglich ist, daß die langsam Sprechenden gut verstanden werden können, besser als jene, die glauben, möglichst viel in möglichst kurzer Zeit sagen zu müssen. Es ist die tätige Gelassenheit, die wir benötigen, um uns anzunähern. Saint-Exupéry beschreibt in seiner liebenswerten Erzählung »Der kleine Prinz«, wie dies geschieht: »Du mußt sehr geduldig sein. ...Du setzt dich zuerst ein wenig abseits von mir ins Gras. Ich werde dich so verstohlen, so aus den Augenwinkeln anschauen, und du wirst nichts sagen. (...) Aber jeden Tag wirst du dich ein wenig näher setzen können ...«

Nur so übersehen wir nicht die Gänseblümchen, die Käfer und die Schnecken auf unserem Lebensweg, die für unseren Erfolg in der Wirtschaftswelt zwar überflüssig sind, für das wirkliche Leben aber nicht. Die Rückbindung unseres Denkens und Tuns an die Zeitmuster der uns umgebenden Natur (und auch unserer eigenen Natur) ist zwingend notwendig, wenn wir uns im Einklang mit der Welt entwickeln wollen.

Kennzeichen der evolutionären Dynamik, also des natürlichen Fortschritts, ist *auch* die Langsamkeit, die Gemächlichkeit. Wir können es an uns selbst überprüfen: Wenn wir so schnell verdauen würden, wie wir heute üblicherweise essen, hätten wir alle immerzu Durchfall. Anpassungsprozesse an die natürliche (und die soziale) Umgebung benötigen ein widerstandfähiges Beharrungsvermögen und eine aktive Form des Zeitlassens. Nur dann ist es auch wahrscheinlich, daß wir die Fehler, die wir machen und gemacht haben, wieder revidieren können. Und manches – dies gilt auch fürs Arbeitsleben – hat nur so eine Chance, sich selbst zu erledigen, wenn man es langsam angeht. Für diejenigen, die gerne in der Küche tätig sind, hat dies Brillat-Savarin, der Meister der Geschmackskultur, sehr schlicht und eindringlich ausgedrückt: »du temps, du temps, du temps«. »Meine Herren, es eilt, setzen wir uns«, so ein weiterer kluger Ratschlag aus Frankreich. Vielen Dingen, vielen Prozessen – insbesondere gilt dies für unsere Lebensmittel, aber nicht nur für diese – braucht man nichts weiter hinzuzusetzen als Zeit, Zeit, Zeit. Und dies wiederholt.

*

Zuallererst trifft das auf die Liebe zu. Schnelligkeit ist das wichtigste im Krieg, Langsamkeit jedoch das wichtigste in der Liebe (und im Frieden). Liebe ist auf Langsamkeit angewiesen. Wir verlieren sie und machen sie zur Arbeit, wenn wir eilig und betriebsam sind. Geliebt wird man und lieben kann man nur, wenn man die Zeit und den Kampf um die Zeit vergißt, wenn man sich in die zeitliche Unbegrenztheit eines Kindes begibt, das selbstvergessen mit Kieselsteinen spielt.

Zum Zeit-Verhalten der Kinder, dem die Erwachsenen entfremdet sind, gehört die produktive Wiederholung. Mit ihrer Hilfe wird, nicht abwehrend, wie dies viele Ältere mit dem Verweis »das haben wir doch immer schon so gemacht« tun, Sicherheit, Dauer, Prinzipientreue entwickelt und eingeklagt. Kinder geben mit ihren Wiederholungen den Dingen und Abläufen Gewicht und werten das Bekannte, das schon einmal Erfahrene, nicht als unwichtig ab. »Sechsundsechzigtausend Wiederholungen«, so Huxley in seinem Roman »Schöne neue Welt«, »machen eine Wahrheit.«

Solch produktive Wiederholung ist von einer taktmäßigen, leeren Form der Wiederholung streng zu unterscheiden. Die Wiederholung des immer Gleichen behindert Entwicklungen, macht passiv und zwanghaft. Thomas Mann beschreibt diese Zeitform der flachen Wiederholung im »Zauberberg«: »Es ist immer derselbe Tag, der sich wiederholt, aber da es immer derselbe Tag ist, so ist es im Grunde wenig korrekt, von ›Wiederholung‹ zu sprechen; es sollte von Einerleiheit, von einem stehenden Jetzt oder von der Ewigkeit die Rede sein.«

Als »neurotisch« klassifizieren Psychologen solch passives, mechanisches Verhalten. Sie sprechen vom Wiederholungszwang, wenn das Wiederholen früherer Denk- und Verhaltensmuster die Zukunft blockiert und diese nicht wie in der produktiven Wiederholung fördert. Vergangenheit wiederholen, um Zukunft zu gewinnen, ist das Zeitmuster, mit dem nicht nur die Psychoanalyse arbeitet (im Dreischritt: Erinnern-Wiederholen-Durcharbeiten), sondern auch die Entwicklung und die Bildung generell. »Die Wiederholung ist die Mutter – nicht bloß des Studierens, auch der Bildung«, so Jean Paul in seiner Erziehungslehre.

Produktive Wiederholung ist Erinnerung nach vorne. Sie hat die Kraft, den platten Wiederholungszwang zu brechen. Wiederholung ist kein Sichwiederholen, sondern ein Sich-Wieder-Herholen, einen neuen Anfang machen: Wiederholen heißt nicht: »Es war einmal«, sondern »Fang an«. (Handke)

Sinn und Bedeutung entstehen durch Wiederholung und Differenz, denn durch die Wiederholung wird das Fremde, das Neue, das andere erst sichtbar. Man wendet sich der Zukunft zu, indem man sich der Vergangenheit bewußt wird. Dabei erschließt sich eine kreative Ordnung der Dinge. Überzeugendstes Beispiel unserer Kulturgeschichte ist die Epoche der Renaissance, in der im Rückgriff auf Altes grundlegend Neues geschaffen wurde. Wiederholung führt zur Überschreitung und damit zum schöpferischen Akt gesellschaftlicher Neuorganisation. »Die Dialektik der Wiederholung ist leicht«, so Kierkegaard, »denn was sich wiederholt, ist gewesen, denn sonst könnte es sich nicht wiederholen; aber eben dies, daß es gewesen ist, macht die Wiederholung zu dem Neuen.« Und an anderer Stelle des gleichen Essays schreibt er: »Wer nicht faßt, daß das Leben eine Wiederholung ist und daß darin des Lebens Schönheit besteht, der hat sich selbst gerichtet und verdient nichts anderes als – was ihm auch widerfahren wird – zugrunde zu gehen; denn die Hoffnung winkt wie eine Frucht, die nicht sättigt, die Erinnerung ist ein kümmerliches Zehrgeld, das nicht sättigt; aber die Wiederholung ist das tägliche Brot, das mit Segen sättigt. Hat man das Dasein umschifft, dann wird sich zeigen, ob man den Mut hat zu verstehen, daß das Leben eine Wiederholung ist, und die Lust, sich darauf zu freuen.«

Play it again, Sam.

*

»Wenn die Sterne in einer beliebigen Ordnung auf- und untergingen, hätte selbst der Himmel keinen Sinn mehr. Das Zurückverfolgen und die Wiederholung ihrer Bahn macht das Ereignis des Himmels aus. Und es ist die Zurückverfolgung und die Wiederholung bestimmter fataler Höhepunkte (Peripetien), die das Ereignis des Lebens ausmachen.« (Jean Baudrillard, Die fatalen Strategien)

Warten

»Wart' mal schnell!«

>Irgendeiner wartet immer.«
Sergio Leone, Spiel mir das Lied vom Tod

Anstrengend, ja qualvoll ist es, warten zu müssen. »Der Teufel hat das Suchen erfunden und seine Großmutter das Warten«, läßt sich in einer Sammlung von Sprichworten nachlesen. Wartezeit ist tote Zeit. Warten, das heißt, die Zeit totschlagen. Wird man zum Warten gezwungen, dann liegt der Vorwurf an die Verursacher nahe, daß sie einem die Zeit stehlen. Strafrechtlich ist dieser Zeitdiebstahl inzwischen zum kriminellen Akt geworden – jedoch nur dann, wenn es um den »Klau« von Rechenzeiten an fremden Computern geht.

»Der Kunde von heute will nicht nur gut, sondern auch rasch, d.h. ohne Wartezeit, bedient werden« – diesen kategorischen Imperativ bekommen alle Verkäufer und Verkäuferinnen des Einzelhandels am ersten Tag ihrer Tätigkeit als Maxime vorgegeben. Dienstleistungsunternehmen werben damit, daß man bei ihnen Zeit sparen, ja manchmal sogar kaufen kann. Verbraucher wiederum erleben in unserer schnellebigen Welt Wartezeiten als störend. Sie reagieren darauf, indem sie sich für die rascher zu realisierenden Kaufalternativen entscheiden. »Du, ich muß noch schnell was einkaufen«, mit diesem Ausspruch hört man die gestreßten Mütter allabendlich kurz vor Ladenschluß die Haustür zuschlagen. Männer schauen während dieser Zeit mal schnell ins Fernsehprogramm, um zu sehen, was denn so kommt!

Warten wird als Defizit mangelnder zeitlicher Abstimmung zwischen der Nachfrage und der erhofften Angebotsreaktion erlebt. Beim Zahnarzt läßt man sich das vielleicht noch gefallen – das Schmerzerlebnis ist ja damit noch etwas weiter in die Zukunft verlagert, und vielleicht bessert sich ja in der Zwischenzeit die Situation. An der Hotelrezeption, an der Kasse des Supermarktes oder auch beim Mittagessen in der Arbeitspause sind Wartezeiten lästig. Man wird ärgerlich. Besonders dann, wenn man selbst keinen Einfluß auf die Zeit hat, so etwa beim Warten im Autostau oder als Opfer einer Warteschleife bei der Landung eines Flugzeuges. Für Warteschlangenspezialisten ist dieser Sachverhalt eine Herausforderung, bei der sie ihren ökonomischen Wertvorstellungen vom Warten deutlichen Ausdruck verleihen: Sie finden beispielsweise heraus, daß ein amerikanischer Autofahrer während seines Lebens 6 Monate vor roten Ampeln und 5 Jahre seiner Lebenszeit in Warteschlangen zubringt.

Aber was ist das für ein »Warten«, das da gezählt, statistisch ausgewertet und als Systemdefekt interpretiert wird? Es ist der Stillstand der äußeren Bewegung – mehr nicht. Dort, wo Beschleunigung ein positiver Wert ist und sich selbst genügt, dort wird das Warten zur vergeudeten Zeit – auf der Schnellstraße, auf dem Flughafen, vor dem Bildschirm, am Telefon. Es wirkt entnervend, es ist ein »Warten von der aufbringenden Art« (Lübbe). Es ist eine unangenehme Zeiterfahrung am Rande der Beschleunigung. Steigerungsfähig ist diese, wenn sie mit erzwungener Passivität einhergeht.

Horkheimer schildert und interpretiert dies, indem er auf soziale Unterschiede hinweist: »Im genauen Verhältnis zur sozialen Hierarchie steht das Wartenmüssen. Je weiter oben einer ist, um so weniger muß er warten. Der Arme wartet vor dem Fabrikbüro, auf dem Amt, beim Arzt, auf dem Bahnsteig. Er fährt auch mit dem langsameren Zug. Eine Verschärfung des Wartens ist es, wenn man dabei stehen muß; die letzte Wagenklasse in den Zügen ist gewöhnlich überfüllt, und viele stehen darin. Arbeitslose warten den ganzen Tag.

Der Umstand, daß jede Minute, die ein Generaldirektor beim Bankier warten muß, ein schlechtes Zeugnis für seine Kreditfähigkeit ist, wird vielfach erörtert; dieses Wissen gehört zur Philosophie des kapitalistischen Geschäftsmannes. Das Warten, das in allen Epochen Lebensmerkmal der beherrschten Klasse war, wird in der bürgerlichen Gesellschaft weniger erörtert; dieses Wissen gehört nicht zum Geschäft der kapitalistischen Philosophie.«

Warten ist dann ein Störmoment, wenn Zeit mit Geld verrechnet wird, wenn die Logik der knappen Zeit herrscht. Wartezeiten verursachen aus dieser Sicht Kosten, da in der »verwarteten Zeit« andere Chancen hätten wahrgenommen werden können. Hieraus ergibt sich der Eindruck, warten sei unproduktiv; es müsse etwas dagegen unternommen werden. Die Eile trocknet die Lebensquelle des geduldigen Wartens aus. Wie leer aber müssen 10 Minuten Warten sein, wenn diese Zeit als verloren gilt?

Ganz anders hingegen, voll mit lebendigem Inhalt, ist das Warten, wenn wir es so verstehen, wie dies im Wörterbuch der Gebrüder Jacob und Wilhelm Grimm erklärt wird. Warten bedeutet dort: *Wohin schauen, seine Aufmerksamkeit auf etwas richten, versorgen, pflegen, einem dienen, Anwartschaft haben, harren usw.*

Warten, so Remann, ist »eines der am wenigsten gewürdigten Glücksgefühle (…). Wäre die Menschheit mit ihrer Warterei wirklich so unglücklich, hätte sie längst damit aufgehört.« Warten ist ja nicht in jedem Fall mehr oder weniger erzwungener Handlungsverzicht, sondern es ist auch Ausdruck einer besonderen Qualität des Handelns. Warten und warten können bedeutet »Zeit haben« – und das ist etwas Besonderes und etwas Attraktives. Es ist eine Zeit, die nicht unter dem Druck steht, rasch zu Resultaten zu kommen. Wer etwas ernten will, der muß – wie das jeder Bauer erzählen kann – warten können. Und jene, die die Kunst des Wartens am besten beherrschen, erhalten die schönsten Äpfel. So ist warten nicht Handlungsverzicht, sondern produktives Handeln.

Im wohlwollenden Zuwarten ist jene Wortbedeutung enthalten, die im Grimmschen Wörterbuch als »pflegen«, »auf etwas schauen« gekennzeichnet wird. Ein solches Warten führt weg von der mechanischen Logik der Uhr und eröffnet Zeiterfahrungen, die anderes möglich und erlebbar machen, als das, was die Zeitmesser vorgeben. Die Diktatur der Uhr läßt kein fruchtbares Warten zu. Wartezeit ist ein Geschenk. Nietzsche beschreibt es: »Warten und sich-vorbereiten; das Aufspringen neuer Quellen abwarten; in der Einsamkeit sich auf fremde Gesichte und Stimmen vorbereiten; (...) den Süden in sich wieder entdecken und einen hellen glänzenden geheimnisvollen Himmel des Südens über sich aufspannen ...«

Und an anderer Stelle nochmals in lyrischer Form:

Sils-Maria

Hier saß ich, wartend, wartend doch auf nichts,
Jenseits von Gut und Böse, bald des Lichts
Genießend, bald des Schattens, ganz nur Spiel,
Ganz See, ganz Mittag, ganz Zeit ohne Ziel.
Da, plötzlich, Freundin! wurde eins zu zwei -
Und Zarathustra ging an mir vorbei ...

In Wirklichkeit warten wir alle – auf das Glück nämlich. Und ohne dieses Warten könnten wir's in dieser Welt nicht aushalten. Da sich das Glück aber – glücklicherweise – nicht kalkulierend herbeiholen läßt, müssen wir uns öffnen für die Zeit und ihre unterschiedlichen Qualitäten, für das Anderswo und Irgendwie. Es sind die Wartesäle unseres Lebens, in denen wir die Zeit erleben und erfahren können, wo wir uns selbst begegnen – und anderen Menschen ebenso. Der Wartende lädt die Zeit ein (Benjamin). Dann heißt warten nicht mehr nur auf etwas warten, sondern es ist schon ein Teil jener Erfahrung des Glücks, auf das wir alle warten.

Wer warten kann, hat viel getan. Wir kommen mit noch so viel Anstrengung und Hektik nicht ans Ziel – aber wenn wir warten, kommt das Ziel vielleicht zu uns. Glücklich jene, die warten können, denn, so ein Versprechen der Verheißung, »dem Geduldigen gehört das Himmelreich«.

Pausen-Los

»Der Zwischenraum, hindurchzuschaun«

»Natürlich – ich weiß doch nicht, wenn eine Pause beginnt,
ob die einige Sekunden oder ob die einige Stunden dauert,
denn es gibt doch Pausen in allen Größen.«
Karl Valentin

Je weniger Pausen wir machen, um so pausenloser stellt sich
die Frage nach den Pausen. Ein weltweit operierendes Unternehmen, das koffeinhaltige Limonade produziert, fordert uns
ebenso zum Pausenmachen auf wie die Deutsche Verkehrswacht dies mit Plakataktionen am Rande der Autobahn tut,
um die rastlosen Raser auf diese hilflose Art und Weise zu
etwas mehr Vernunft anzuhalten. Eine Schokoladenfirma
malt die Pausen lila an und die Schweizer Fremdenver-
kehrsindustrie proklamiert »mehr Arbeit durch mehr Urlaub«. »Streß ist alles, was nicht Kaffeepause ist«, so ein
Spruch, der mir kürzlich in einem österreichischen Bildungs-
haus auffiel.

Die Pause ist im Gespräch – und das wiederum verringert
die Gesprächspausen, und über diese Entwicklung muß wieder gesprochen werden, mit der Folge, daß dies ... und so
weiter und sofort ... Pause! Warum denn das? Weil diejenigen, die das Pausen-Los ziehen, mit einem Gewinn rechnen
können.

»Der Mensch«, so der berühmte Verfasser einer »physiolo-
gischen Anleitung zum Studium der Tafelgenüsse«, »kann
nicht fortwährend thätig sein; die Natur hat ihn nur zu unter-
brochener Existenz bestimmt.« (Brillat-Savarin, 1865) Davon
zeugt auch die Herkunft des Begriffs »Pause«. Im Gegensatz
zu vielen Zeitbegriffen, die wir heute benutzen, finden wir die
Ursprünge des Wortstammes bereits im altgriechischen Ver-
bum *paúein*: »beenden, unterlassen, ablassen«. Im Lateini-
schen wird dies zu *pausa*: »Innehalten«, im Altfranzösischen
zu *pose*: »Ruhe«; und von dort kommt der Begriff im 13. Jahr-

hundert als Lehnwort ins Mittelhochdeutsche, über *puse* wird er zu *Pause*.

Anders als bei vielen Begriffen und Phänomenen der »Zeit« kennen wir keine Geschichte der Pause (mit Ausnahme der Geschichte der Arbeitspause – wie sich das für eine Arbeitsgesellschaft ja auch gehört). Dafür kennen wir Geschichten.

Bei den Griechen waren Pausen zentrale Teile ihrer individuellen, sozialen und kulturellen Existenz. Für sie stellten die Pausen eine unverzichtbare Lebensqualität dar. Sie waren ihnen so wichtig, daß sie dafür den ersten Streik der (uns überlieferten) Geschichte riskierten: Es war Aristos, der im Jahre 309 vor Christus für seine Musiker mehr Pausen verlangte.

Auch die Römer wußten um die Produktivität von Pausen. Cicero läßt im zweiten Buch seiner Schrift »Über den Redner« den damals berühmten Anwalt Crassus ein Plädoyer gegen die zwanghafte Arbeitsauffassung seines Schwiegervaters, des Juristen Scaevola, halten: »Stelle dir doch nur vor, Scaevola, es kommt einmal dahin, daß schließlich kein Testament mehr ordentlich abgefaßt ist, mit Ausnahme einzig derer, die du selbst ausgefeilt hast. Alle insgesamt werden wir Mitbürger mit unseren Verfügungen dann nur noch zu dir kommen wollen; allen insgesamt wirst dann du ganz allein die Testamente ausarbeiten müssen. Wohin führt das? Wann wirst du dann noch deine öffentlichen Verpflichtungen erfüllen können? Wann den Verpflichtungen gegenüber deinen Freunden nachkommen? Wann dich mit deinen persönlichen Angelegenheiten befassen? Und schließlich: Wann wirst du dir dann noch jemals leisten können, auch einmal einfach nichts zu tun? Mir scheint nämlich selbst ein freier Bürger nicht wirklich frei zu sein, der nicht irgendwann auch einmal einfach nichts tut.« (Cicero, De oratore 2, 6, 24)

Pausen, dies zeigen uns diese Episoden, sind Zustände, in denen der Prozeß eines Geschehens angehalten oder unterbrochen wird – letztlich, um mit seinem Fortgang verbunden zu werden.

Auch wenn das Wichtigste zweifelsohne zwischen den Pausen liegt, so sind diese doch unverzichtbar, damit es überhaupt etwas dazwischen gibt. Die Pausen sind die Zwischenräume im Lattenzaun, der ohne diese ja nicht existieren würde.

Es war einmal ein Lattenzaun,
mit Zwischenraum, hindurchzuschaun.

Ein Architekt, der dieses sah,
stand eines Abends plötzlich da –

und nahm den Zwischenraum heraus
und baute draus ein großes Haus.

Der Zaun indessen stand ganz dumm,
mit Latten ohne was herum.

Ein Anblick gräßlich und gemein.
Drum zog ihn der Senat auch ein.

Der Architekt jedoch entfloh
nach Afri- od- Ameriko.

Christian Morgenstern

Pausen setzen einen Verlauf voraus. Diesen unterbrechen sie und sind hierdurch Teil desselben. Daher sind Pausen nicht das Nichts, vielmehr sind sie bedeutsame, d.h. gefüllte, Leerstellen. Pausen schaffen notwendige Ordnung innerhalb von Zuständen und geben damit Orientierung, sowohl bei der Betrachtung von Naturprozessen als auch bei der Gestaltung des Sozialen. Sie ermöglichen Trennung, Wechsel, Übergang.

Ohne Pausen wüßten wir nicht, daß etwas aufhört, und auch nicht, daß etwas Neues anfängt. Ohne Pausen gäbe es keine Wiederholung, kein »Wieder-her-Holen«. Das pausenlose Leben gliche einem Automaten, dessen Existenz sich in der Hetze verausgabte. Pausenlos würden die »Lebenden« ortlos im Fluß der Zeit umherirren, die Musik wäre nur Lärm, die Kommunikation unaufhörliche Dauerbelästigung.

Goethe hat bereits 1814 darauf hingewiesen: »So wie die Pausen eben so gut zum musicalischen Rhythmus gehören als die Noten, eben so mag es auch in freundschaftlichen Verhält- nissen nicht undienlich seyn, wenn man eine Zeitlang sich wechselseitig mitzutheilen unterläßt.«

Pausenlosigkeit bedeutet Formlosigkeit. Pausen sind Teil der schöpferischen Naturdynamik, und sie sind unverzichtbarer Bestandteil von sozialer und kultureller Organisation. Die biologischen Reifungsprozesse geschehen in Schüben, die durch Phasen der Ruhe erst erkennbar und erfahrbar werden. Der fürs Leben fundamentale Vorgang des Atmens vollzieht sich in einem gesetzmäßigen Rhythmus von Einatmung – Ausatmung – Ruhepause. Unsere Existenz pulsiert im Rhythmus von Schlafen und Wachen. Alle Gesellschaften kennen sozial organisierte Ruhephasen, und sie kennen Zei- ten der Anspannung und Zeiten der Entspannung. Pausen sind eine markante Zeitgestalt des Lebendigen. Sie sind die Atempausen, in denen man zum Atmen kommt. Das heißt aber auch, daß wir die vitalen Grundlagen unserer individuel- len und unserer sozialen Existenz zerstören, wenn wir die Ruhe ignorieren und in der Pausenlosigkeit unser anzustre- bendes Ideal sehen.

*

Es gibt Anhaltspunkte für die Vermutung, so Sloterdijk, »daß ein guter Teil des wirklichen Lebens sich nicht auf dem Spielfeld, sondern im Seitenaus abspielt, nicht während des Hauptprogramms, sondern in der Pause.«

Die Pause ist ein Naturphänomen, und – das ist nicht unabhängig davon – sie ist eine Kulturleistung. Wir kennen keine Gesellschaft, keine soziale Gemeinschaft, in der es keine Pausen gibt. Sie sind notwendig, um sich in dieser Welt zu lokalisieren, denn erst die Unterbrechung macht den Raum zum Ort.

»Wenn wir uns den Raum als das vorstellen, was Bewegung ermöglicht, dann ist der Ort eine Pause; jede Pause in der Bewegung macht es möglich, die jeweilige Stelle, an der man sich gerade befindet, in einen Ort zu verwandeln.« (Tuan)

Nur so können wir »verweilen« – ein schöner, treffender Begriff, der das Zeitliche und auch die Ortsgebundenheit ausdrückt. »Gut Ding will Weile haben« – die Volksweisheit weiß um die Wichtigkeit der Pause. Heute hingegen ignorieren wir solche Erkenntnis und leben nach dem gegenteiligen Prinzip, das da heißt: »gut Ding will Eile haben«. »Verweilen« bedeutet, einen Platz in der Welt gefunden zu haben (einen Weiler), an dem es sich gut ruhen läßt, an dem man Kraft sammeln kann, bevor man sich irgendwann wieder zu anderen Orten und weiteren Taten aufmacht. Es meint, eine Heimat, einen Ort und die Zeit zu haben. Dies macht sicher und frei. Mag sein, daß so etwas in einer Zeit der Hochgeschwindigkeitsverkehrsmittel, in der wir zum permanenten Unterwegssein und zur steten Fortbewegung verdammt sind, verschroben altertümlich klingt – aber ist es deshalb falsch? Merken wir nicht bei unserer manischen Herumreiserei immer mehr, immer deutlicher unsere unerfüllte Sehnsucht nach dem Verlorenen, dem ursprünglichen Zweck des Reisens: anzukommen und zu verweilen? Es ist eine falsche Vorstellung, daß man beim Verweilen Zeit verliert, man gewinnt auch keine – man lebt sie. »Verweile doch, du bist so schön!« Das ist erfüllte nicht gefüllte Zeit, das ist nicht Unterhaltung, das ist Glück, das ist Zeit, die sich der Quantifizierung entzieht.

In den Pausen steht die Uhr – die Zeit aber, sie läuft weiter. Daher lebt das Leben in den Pausen. »Beim Nichtstun«, so hat es Laotse treffend paradox formuliert, »bleibt nichts ungetan.«

Pausen, das wissen wir aus den Schulerfahrungen, sind nahrhaft. Die von unseren Müttern liebevoll belegten Pausenbrote haben uns dies immer wieder erleben lassen.

Sie sind Zeiträume fürs Nachdenken, für das Vorausdenken, Abschalten und Verarbeiten. Sie entdichten das Leben. Ohne Pausen gäbe es nur das andauernde Weitermachen, es gäbe keinen Abschluß mit einem absehbaren Wiederanfang. Sie sind Abstandhalter, Lücken zwischen Gewesenem und Zukünftigem.

Für das Individuum sind die Pausen unverzichtbare Möglichkeiten der Souveränitätspräsentation. Dies wissen jene, die sich noch an das überlegene Gefühl erinnern, das die erschwindelte Pinkelpause, in der man nicht pinkeln mußte, während der Schulzeit auslöste. Es war die Befreiung von der permanenten Zumutung, abhängig sein zu müssen. Pausen gehören zur »Mikrophysik der Macht« (Foucault) und noch häufiger zu der von Gegenmacht. Sie lassen nämlich Distanzierungen gegenüber untergeordneten Rollen zu. Sie sichern wichtige individuelle und kollektive Handlungsspielräume.

Die Pause lebt von dem »Davor« und dem »Danach«. Aber – und dies ist für viele, die sich für das »Davor« und das »Danach« verantwortlich fühlen, eine Bedrohung – sie erinnert auch daran, daß man das, was vorher war und das, was nachher kommt, sein lassen kann. Sie konfrontiert eine aktivitätsbesessene Gesellschaft mit dem Sachverhalt, daß das Unterlassen, das Sein-Lassen, eine Alternative ist, um mit und in der Zeit zu leben. Sie verhindert vorschnelle Anpassung und macht im besten Sinne skeptisch, d.h. distanzfähig, gegenüber dem rastlosen Getriebe und dem Getriebenwerden.

»Es gibt für uns zweierlei Wahrheit, so wie sie dargestellt wird durch den Baum der Erkenntnis und den Baum des Lebens. Die Wahrheit des Tätigen und die Wahrheit des Ruhenden. In der ersten teilt sich das Gute vom Bösen, die zweite ist nichts anderes als das Gute selbst, sie weiß weder vom Guten noch vom Bösen. Die erste Wahrheit ist uns wirklich gegeben, die zweite ahnungsweise. Das ist der traurige Anblick. Der fröhliche ist, daß die erste Wahrheit dem Augenblick, die zweite der Ewigkeit gehört, deshalb verlischt auch die erste Wahrheit im Licht der zweiten.« So Kafkas Eintrag in seinem vierten Oktavheft am 5. Feburar 1918, nachdem er im November des vorangegangenen Jahres bereits notiert hatte: »Müßiggang ist aller Laster Anfang, aller Tugend Krönung.«

*

Die Pause ist ein Zeitsofa, auf dem wir uns langmachen, aber auch zusammenrollen können, auf dem wir wachen, schlafen, lieben, träumen und auf dem wir aus dem Totalitarismus der Ereignisse aussteigen dürfen. Auf dieser temporären Liegestatt wird man daran erinnert, daß der Sinn allen Tuns darin besteht, nichts mehr tun zu müssen. Daher die Forderung Benjamins: »Man muß sich nicht die Zeit vertreiben – man muß die Zeit zu sich einladen.«

Dies gelingt, wenn man das Nichstun als wichtigen Teil des Tuns begreift, wenn man Gedanken wie einen guten Wein liegen und reifen läßt. Denn zum Denken, auch dies wieder eine Erkenntnis von Benjamin, »gehört nicht nur die Bewegung der Gedanken, sondern ebenso ihre Stillstellung«. In einer

Welt, die immer lauter und ungeduldiger wird, heißt das zuallererst: Ruhe, Stille, Schweigen. Dies zu erreichen, ist in
unserer hektischen Betriebsamkeit eine Anstrengung geworden. Bereits Wilhelm Busch beklagte sich: »Erquicklich ist die
Mittagsruh,/nur kommt man oftmals nicht dazu.«

Für Kafka ist die Ungeduld, die uns Ruhe, Stille und Pausen
verwehrt, die Hauptsünde der Menschheit. Wegen der Ungeduld sind die Menschen aus dem Paradies vertrieben worden,
wegen der Ungeduld kehren sie dorthin nicht zurück. Da
hilft, wie man bei Ibsen in dessen »Volksfeind« nachprüfen
kann, die »fördernde Mitgliedschaft im Mäßigkeitsverein«
auch nicht weiter. Man kommt heute in eine ganz ähnlich är-
gerliche Stimmung wie ehemals der Prophet Jesaja gegenüber
den betriebsamen Israeliten, wenn man das Immer-lauter-
Werden dieser Welt erlebt: »Durch Stillesein und Hoffen
würdet ihr stark sein. Aber ihr wollt nicht«, liest man überra-
schend aktuell bei diesem Vormodernen. Er war ein wirkli-
cher Prophet. »Nirgends«, so Petrarca, bevor er sich in die
Stille seiner heute noch zu bewundernden Villa in die Eugan-
eischen Hügel südöstlich von Padua zurückzog, »nirgends
gibt es Ruhe.« Mit seiner Sensibilität hätte er es in unserer
Zeit sehr schwer gehabt.

Diese Sehnsucht nach der Stille, die ja auch eine Sehnsucht
nach der Hellhörigkeit ist, ist heute größer denn je. Daraus
speist sich der inzwischen durch profitable Geschäftemacher
ausgebeutete millionenfache Wunsch, die Pausen, die wir Urlaub nennen, auf Inseln zu verbringen. Dies mit dem Effekt,
daß es dort inzwischen genauso laut und umtriebig ist wie zu
Hause.

Es war John Cage, der versuchte, der Stille in unserer lär-
menden Kultur Gehör zu verschaffen, indem er sie laut werden ließ. Sein Werk »4'33«, »a piece in three movements in
which no sounds are intentionally produced«, verlangte von

dem Pianisten nur, sich an das Klavier zu setzen und mit dem Pianistenritual zu beginnen: Klappe hoch, Hände hoch, warten wie angegeben, Hände hinunter, Klappe dicht. Und dies, wie thematisch angekündigt, 4 Minuten und 33 Sekunden lang. Vertontes Schweigen, akustisches Nichtstun. Das Publikum wird durch die Stille auf der Bühne zum Zuhörer der eigenen Geräusche und derjenigen der Umwelt: »Während des ersten Satzes (bei der Premiere) konnte man draußen den Wind heulen hören. Im zweiten Satz prasselte der Regen aufs Dach, und während des dritten machte das Publikum allerhand interessante Geräusche.« (Kostelanetz)

Angeregt zu solchem Engagement für die uns verlorengegangene Stille wurde Cage durch Rauschenbergs »White Paintings«, die als weiße Flächen auf die Substanz des Leeren aufmerksam machen. Das, was wir täglich verleugnen, verdrängen und abwehren, die Bedrohung des Seins durch das Nichts, wird in solcher Kunst mittels Widerspruch und Paradoxie in die Gesellschaft zurückgeholt. Die Stille wird als verlorenes Menschenrecht deutlich. Das hörende, das betrachtende Subjekt wird mit sich selbst konfrontiert, es gewinnt Distanz zu den Dingen und zu sich und begegnet sich hierdurch wieder. Erfahrungen, die die Stille, die Pause, die Ruhe und die Kunst gleichermaßen sinnvoll und notwendig machen. Dies gilt ebenso für das Schweigen, das für Jesaja die »Pflege der Gerechtigkeit« ist und nach Pavese »die Menschen und die Völker jung macht«.

Über das Schweigen kann man lange reden. Ich will es kurz machen, indem ich ein Lehrstück zitiere, das Ortega y Gasset aufgeschrieben hat.

»Die Schüler fragten einmal den weisen Meister Indiens, welches das große Brahman sei – das heißt die höchste Weisheit. Der Meister antwortete nicht. Da sie glaubten, er habe sie nicht gehört, wiederholten sie ihre Frage. Aber der Weise fuhr fort zu schweigen. Sie frugen zum dritten- und viertenmal, ohne daß ihnen Antwort gegeben wurde. Als sie des Fragens müde waren, öffnete der Meister den Mund und sagte: ›Warum habt ihr eure Fragen so oft wiederholt, wenn ich euch doch auf die erste antwortete? Wißt, die höchste Weisheit ist Schweigen.‹«

Dreizehnte Vertikale
Poesie (52)

Heute habe ich nichts gemacht.
Aber viele Dinge geschahen in mir.

Vögel, die es nicht gibt,
fanden ihr Nest.
Schatten, die womöglich da sind,
erreichten ihre Körper.
Worte, die existieren,
erlangten ihre Stille wieder.

Nichts zu tun,
rettet manchmal das Gleichgewicht der Welt,
indem es erreicht, daß auch etwas Gewicht hat
auf der leeren Schale der Waage.

Roberto Juarroz

Die Schulpause

»Laßt frische Luft ins Klassenzimmer!«

»Für einen Intelligenten bedeutet es eine sehr feine Freude,
es fertigzubringen, an nichts zu denken.«
Robert Walser

»Der Unterricht muß ununterbrochen fortschreiten, alle
Schüler möglichst gleichmäßig beschäftigen, und es dürfen in
demselben keine peinlichen Pausen vorkommen…«

Dieses Zitat von Fröhlich stammt aus dem Jahre 1883.
Zwar ändern sich die Zeiten, manches jedoch bleibt konstant:

»Achtung!!

Die Pause ist nur auf dem Hof!

Betreten werden darf nur die asphaltierte Fläche!«

Mit dieser schrillen Lautsprecherdurchsage der Schulleite-
rin einer benachbarten Grundschule wurde ich an einem son-
nigen Junitag bei meinen Zeitstudien an einem schattigen
Gartentisch aufgeschreckt.

Machen die einen die Pausen zur peinlichen Unterbrechung, so engagieren sich andere sogleich dabei, diese »Pein-
lichkeit« in die Bahnen von Ordnung und Zucht zu lenken.
Nur bei nahtloser Koppelung von Belehrungszweck und
Disziplin scheint das Ideal der schulischen Zeitstrukturie-
rung erreicht.

Mediziner, Psychologen und Literaten sind da ganz anderer Meinung. »Kinder und Uhren dürfen nicht ständig aufgezogen werden. Man muß sie auch gehen lassen«, ermahnte
Jean Paul. Und Emil Kraepelin schrieb vor mehr als 100 Jahren in einem Aufsatz »Über geistige Arbeit«: »Zum Heile für
unsere heranwachsende Jugend hat die gütige Natur ihr ein
Sicherheitsventil gegeben, dessen Wert nicht hoch genug ge-
priesen werden kann – das ist die Unaufmerksamkeit. Daraus
ergibt sich die unerwartete Folgerung, daß bei der heutigen
Ausdehnung des Unterrichts langweilige Lehrer geradezu
eine Notwendigkeit sind. Würden alle Lehrer verstehen, bei

ihren Schülern ein hinreichendes Interesse für ihren Unterrichtsgegenstand zu erwecken und wachzuhalten, so würden die Kinder trotz rasch wachsender Ermüdung zu dauernden geistigen Kraftanstrengungen geführt, deren Folgen wir gar nicht zu übersehen vermögen.«

Ein Lob für den langweiligen Lehrer. Leider haben diesen Aufsatz zu wenige gelesen, und jene, die dies getan haben, haben diese Ausführungen nicht sehr ernstgenommen. Folgerungen jedenfalls sind bis heute nicht bekannt geworden.

Wie um die Jahrhundertwende so benötigen die Schüler auch heute langweilige Lehrer. Diese erst ermöglichen es ihnen auszuspannen, nicht ununterbrochen aufpassen zu müssen und abschalten zu können. Die Langweiligkeit von Lehrern ist die notwendige Kompensation für die nicht gegebenen Unterbrechungen im Unterricht und die organisierte Freizeitveranstaltung zwischen den Unterrichtsstunden, fälschlicherweise »Pause« genannt. Erst die langweiligen Lehrer machen es schließlich möglich, daß in den Schulstunden anderer Lehrer (und Lehrerinnen selbstverständlich auch) interessiert, engagiert und aktiv (mit-) gearbeitet wird. Wo aber bleibt der Dank dafür? Beurteilende Seminarleiter und die Ministerialbeamten der Kultusadministration fordern den pausenlos auf die Schüler/innen einredenden Pädagogen, der ohne Unterlaß in Aktion ist. Die Konsequenz ist ein allerorts anzutreffendes berufliches Selbstverständnis, bei dem pädagogisches Handeln ausschließlich mit aktivem Handeln gleichgesetzt wird. Etwas »sein-lassen«, etwas »liegenlassen« wird als berufliches Versagen erlebt, als Schwäche und Hilfosigkeit interpretiert und damit konsequent negativ bewertet. Pausieren im Unterricht wird für Lehrer und Schüler daher immer weniger möglich.

Die Pause wird, wie im Fernsehen, zur möglichst schnell zu behebenden Störung. Der Unterricht selbst gleicht, wie Wagenschein bemerkte, immer mehr einer Treibjagd, einem

Verfolgen, Einkreisen des Wildes. Vom »Stille-Halten«, so der ursprüngliche Sinn von »pausa«, keine Spur. Die Schule ist keine Schule des Schauens, des Staunens, der Konzentration auf Details, des Nachdenkens und Verarbeitens. Dafür beherrschen oberflächliche Aktivisten die »Szene«, und sie werden überall verlangt. Die Pause wird zum Feindbild. Wir lernen nicht, Pausen zu machen, wir lernen, sie zu verhindern.

*

Die offiziell geregelten Pausen zwischen den mit Aktivitäten und Pseudoaktivitäten angefüllten Unterrichtsstunden sind für die bei uns herrschende Pausen-*Un*kultur das überzeugendste Beispiel: Formales Vorbild dafür ist das Nonstop-Programm-Schema des Fernsehens und der Bahnhofskinos. Selbst die kleinsten Pausen sind mit Pausenfüllern zugekleistert, auch wenn sie werbeträchtig aus der Aufforderung »Mach mal Pause« bestehen. »Die aktive Schulpause, eine Gelegenheit für bedürfnisorientierte Spielangebote«, so oder ähnlich die einschlägigen Aufsatztitel in pädagogischen Fachzeitschriften. Darin werden Lehrer und jene, die glauben für diese sorgen zu müssen, darauf hingewiesen, daß die Pädagogenwelt erst gut und richtig gestaltet ist, wenn sie pausenlos organisiert ist. Alles, was nicht aktiv angegangen wird, scheint nicht nur schiefzugehen, es scheint bereits schiefgegangen zu sein.

»Null Bock« ist die (vernünftige) Reaktion hierauf. In dieser bekannten Widerstandsform der Schüler wird das Bedürfnis nach Leer-Intervallen nur allzu deutlich.

Pausen müssen, so kann man so etwas nur interpretieren, bedrohlich auf jene wirken, die sich um den Lehr-/Lernprozeß und dessen zeitliche Organisation kümmern. Daher wird schon eine kurze Schweigephase im Unterricht zur angstmachenden Situation für Lehrer und Schüler. In der Pause – spätestens dort – wird der Lehrer zum Polizisten. Er wird dazu gemacht. Man lese nur die Ausführungen zu dem Stichwort »Pause« in den einschlägigen Handbüchern für die Unterrichtspraxis.

Ich zitiere eine dieser typischen, das heißt in ähnlicher Form auch in anderen Handbüchern nachlesbaren, Formulierungen:

Pausen

»An einhäusigen Schulen finden Sie eine Pausenordnung vor. Die Einteilung dieser Pausenaufsicht erfolgt in der ersten Lehrerkonferenz.

VSO 303: ›In größeren Schulen kann der Schulleiter die Pausenaufsicht in den Gängen des Schulhauses oder auf dem Schulhof einzelnen Klassenlehrern im Wechsel übertragen.‹ Bei mehrhäusigen Schulen, wenn Sie also alleine an einer Außenstelle unterrichten, trifft für Sie der erste Teil der Ziffer 303 der VSO zu: ›Die Aufsicht des Lehrers erstreckt sich auch auf die Pausen. Für die Aufsicht während der 20-Minuten-Pause ist grundsätzlich der Klassenlehrer verantwortlich.‹ Dies trifft natürlich analog auch auf die 10-Minuten-Pause bei sechs Unterrichtsstunden zu. – Erst wenn die Schüler ihr Pausenbrot verzehrt haben, sollten Sie sie spielen lassen. ›Der aufsichtsführende Lehrer muß seinen Standort so wählen, daß er alle Schüler überblicken kann‹ (zu Ziffer 303). Die VSO fährt fort: ›Wenn die Pause zwischen zwei Fachstunden liegt, die vom gleichen Fachlehrer erteilt werden, führt dieser die Pausenaufsicht.‹

Bei mehrhäusigen Schulen und bei Einsatz an verschiedenen Schulorten dauert Ihre Aufsichtspflicht so lange, bis der Sie ablösende Kollege eintrifft.« (G. Krebs)

Schluß. Nicht nur des Zitates, sondern des gesamten Artikels zum Stichwort »Pause«: ein verwaltungstechnischer Exzeß.

Die preußische Pausenordnung – die es wirklich gab – hatte wenigstens noch den Hinweis zum Inhalt, daß für Lufterneuerung in der Klasse zu sorgen ist. Aber heutzutage ist es vielleicht auch besser, die Fenster überhaupt nicht mehr zu öffnen, da mit wirklich frischem Wind ja nicht mehr zu rechnen ist. Aber nicht die schlechte Luft ist zum Feind geworden, sondern die Pause.

Der lange Zeit existierende Konkurrenzkampf zweier gegensätzlicher Modelle, die in der Geschichte der Pädagogik immer wiederkehren, scheint heute entschieden. In die Defensive geraten ist jene Vorstellung des Bildungsprozesses, für die die Zeitmuster des Wachsen-Lassens, des sich organisch-rhythmischen Entwickelns, des Pflegens und Behütens, des Abwartens und des Erwartens zentral sind. Sie knüpft an den Ursprungssinn von Schule, an das griechische scholé = Muße, an. Dominant hingegen ist die zweite Vorstellung geworden. Diese orientiert sich an dem Muster von (entfremdeter) Arbeit: Mit den stetig zu optimierenden, geeigneten Arbeitsmitteln wird ein Gegenstand (Lernergebnis) hergestellt; und zwar nach Kriterien, die sich den Prinzipien der Ökonomie unterordnen. Je mehr der pädagogische Prozeß in dieser Form instrumentalisiert wird, je mehr er sich zu einer Art Betrieb entwickelt, je weniger Unterbrechungen, Pausen, Ruhepausen akzeptiert und geduldet werden, um so besser werden die Erwartungen dieses Modells erfüllt. Dabei stimmt nicht einmal die Ökonomie: Neuere, speziell amerikanische, Forschungen über den Zusammenhang von Unterrichtszeit und Lernergebnis haben gezeigt, daß die Anzahl der zur Verfügung gestellten und genutzten Unterrichtsstunden kaum einen Einfluß auf den Lernerfolg hat. Die Atemlosigkeit wird zur Verständnislosigkeit.

Dazu ein Dokument: Aus einem Rundschreiben an alle

Schüler eines Münchner Gymnasiums (vom September 1989, Abschnitt 10):

»Während der Pause müssen alle die Klassenzimmer verlassen, und der Fachlehrer muß das Klassenzimmer absperren. Ausnahme besteht nur für den Aufenthaltsraum von K 12 und K 13. Dieser Raum ist ausschließlich für Schüler von K 12 und K 13 bestimmt. Während der Pause gehen alle aus gesundheitlichen Gründen in den großen Pausenhof westlich der Pausenhalle. Ein Aufenthalt östlich der Pausenhalle ist nur den Schülern von K 12 und K 13 erlaubt. Dazu muß beim Verlassen der Pausenhalle an der Tür der ›Kollegiatenausweis‹ unaufgefordert vorgezeigt werden. Bei geeignetem Wetter (2. Glockenzeichen) kann auch die Südseite versuchsweise in der Pause betreten werden. Aus- und Eingang ist nur über den Keller erlaubt. Ein Betreten des Parkplatzes ist verboten. Die Springmatte darf nicht als Sitzgelegenheit dienen. Bei Regenwetter oder Eisglätte ist ein Aufenthalt in der Pausenhalle im Erdgeschoß und im Keller erlaubt, jedoch nicht im 1. und 2. Stock. Ein Verlassen des Schulgrundstücks ist aus Haftungsgründen verboten. Für K 12 und K 13 gelten Sonderbestimmungen.«

Nicht im entferntesten wird hier eine Idee von produktivem Ausruhen und entspanntem Verweilen sichtbar. Die Schulpause ist verkommen. Sie ist Teil einer in der Schule herrschenden ununterbrochenen Zeitbewirtschaftung, die jener im Arbeitsprozeß nicht nachsteht. Pausenordnungen gleichen daher Fabrikordnungen. Aber immer noch geistert die Idee vom psychosozialen Schonraum – die Schule als Entlastungsareal von ökonomischen Zwängen – in den Köpfen der Jugendforscher herum. Vor mehr als einem halben Jahrhundert hat Fritz Klatt in seinem Buch »Die schöpferische Pause« den Weg zu einem sinnvollen Umgang mit Zeit in Lehr-/Lernprozessen beschrieben. Es hat nichts genützt; und aktueller wie je zuvor ist seine Forderung, daß »das Erziehungswesen in seiner Gesamtheit eine großzügige Gegenarbeit gegen den Zeitschacher leisten müßte.«

Dann auch wäre endlich etwas von dem erreicht, was Comenius 1632 bereits anmahnte: »Die Schule hat ein angenehmer Aufenthaltsort zu sein, eine Augenweide innen und außen.«

*

Vom Suchen und Finden

In einer kleinen Stadt mitten im Chinesischen Reich wohnte einst ein Mann, der eine Art Kontrabaß besaß. Er war Musiker zeit seines Lebens und liebte es zu spielen. Jeden Morgen, zur selben Stunde, nahm er sein Instrument, legte den Finger stets nur auf eine einzige Stelle der einen Saite und strich mit dem Bogen gleichmäßig den Ton. Nie veränderte er seine Haltung, nie variierte er Griff oder Rhythmus. Eines Tages, als seine Frau vom Markt nach Hause kam, sprach sie zu ihm:

»Mein Herr und Gebieter, mir ist heute etwas Sonderbares widerfahren. Auf dem Weg zu den Händlern hörte ich plötzlich liebliche Laute, so rein, so zart, daß ich den ungewohnten Klängen folgte. Und ich traf einen Mann an einem Instrument, gleich wie das Eure. Es hatte aber fünf Saiten, und der Mann ließ alle seine Finger über den Steg gleiten, flink und geschickt, als seien sie Mäuse. Dabei spielte er eine wunderschöne Melodie. »Warum, mein Herr und Gebieter«, so fragte die Frau, »laßt Ihr nicht Eure Finger, die nicht minder flink sind, wie ich weiß, über das Holz eilen, und warum nehmt Ihr nicht auch fünf Saiten anstatt nur eine?«

Der Musiker, der seiner Frau aufmerksam zugehört hatte, sah sie lange an: »Dieser Mann sucht noch«, sagte er, »ich aber habe gefunden.«

193

Ferien

»Die Verheißung einer anderen Wirklichkeit«

Ferien [lat.] *Pl.*, 1) *allg.:* längere Arbeitspause einer Institution oder eines Betriebs, z.B. → Schulferien, → Gerichtsferien. (→ Urlaub, → Freizeit)

2) lat. **Feriae**, im *antiken Rom* die Tage, an denen zu Ehren bestimmter Götter die Arbeit, v.a. die Rechtspflege, ruhte; es wurden kult. Handlungen von Beamten und Priestern vorgenommen, z.T. auch Spiele veranstaltet. Die festen staatl. Feiertage (feriae publicae stativae) waren in den allg. Kalendern (Fasti) verzeichnet, besondere Feiertage in speziellen Festkalendern (Ferialia). Im Singular (feria) kommt das Wort erst im frühchristl. Kirchenkalender vor, in dem zur Vermeidung der alten heidn. Namen die Wochentage als feria secunda (Montag), feria tertia (Dienstag) usw. bezeichnet werden.

(Brockhaus, 18. Aufl., Bd. 7/1988)

Von Anaxagoras, dem 428 v. Chr. in Lampsakos gestorbenen griechischen Philosophen, wird berichtet, daß er in seinem Testament verfügte, den Schülern alljährlich einen Monat freizugeben – und zwar jeweils mit dem Jahrestag seines Todes beginnend.

Der Mann, davon ist auszugehen, hat sich beliebt gemacht – und die Erinnerung an ihn dauert an. Ein ähnliches Testament wünschte man sich von so manchem Kultusminister, aber deren Hinterlassenschaften sehen leider ganz anders aus. Es ist daher eine gerechte Strafe, daß deren Namen von der Nachwelt schnell vergessen werden.

Anaxagoras hat mit seinem Testament etwas Schönes für die Kinder getan, und er hat etwas Gutes für sich getan. Wenn sich Kultusminister heute treffen, um über Ferien zu beraten und zu entscheiden, dann weiß man nicht mehr so genau, für wen oder was sie eigentlich etwas tun. Nicht unberechtigt scheint der Verdacht, daß es ihnen dabei weder um die Schüler noch um sie selbst geht, sondern vielmehr um die sogenannten Sachnotwendigkeiten des Fremdenverkehrs, der Freizeitindustrie und um die Interessen des ADAC. Das Ergebnis solcher Beratungen ist dann auch kein »letzter Wille«, sondern eine hochdifferenzierte Ferienordnung. »Gewollt« wird dabei, nicht nur in diesem Zusammenhang, immer weniger, dafür wird immer mehr und hektischer organisiert.

Man muß, wenn es um die Schulferien geht, nicht allzu viele Nachforschungen anstellen, um erkennen zu können, daß es die vermeintlichen und die realen Belastungen unseres Schnellstraßensystems sowie die der Hotellerie in den Urlaubsgebieten sind, die zum sachnotwendigen Entscheidungskriterium der Verantwortlichen über die Ferien und deren Ordnung werden. Das, was die Schüler wollen, kann dabei schon allein deshalb keine Berücksichtigung finden, weil man auch all das, was man selber will, meint, unterschlagen zu müssen. Selbst wenn es um so etwas Subjektives wie die Ferien geht, bleibt man sachlich. Und dementsprechend sieht die sogenannte »freie Zeit« dann aus: vorgetestete Abenteuer ohne Risiko (wenn nicht gerade ein Defekt in einem nahen Chemiewerk die Wasserqualität entscheidend herabgesetzt hat), pädagogisch arrangierte Vertreibung der Langeweile (der Freiluftpädagoge – die Berufsnische der Zukunft!), kontaktsuchebeflissener Kilometerrausch im kommunikationsfeindlichen Automobil (das große jährliche Deutschlandtreffen auf der Autobahn) – das notwendige Geld und die entsprechenden Verkehrsmittel stehen für diese geplante Spontaneität bereit. Immer deutlicher wird: Wir brauchen die Ferien nicht unsertwegen; wir benötigen sie wegen ihrer konjunkturanregenden Funktion. Welche Regierung kann sich schon fallende Wachstumsraten im Wirtschaftssektor erlauben. Die Ferien – und die sie ordnenden und anordnenden Kultusminister – haben diesem Fort-Schritt zu dienen. Gefüllte Zeit, zu der die Ferien heutzutage geworden sind, ist das Ziel aller Anstrengungen. Wir *haben* keine Ferien, wir *machen* sie. Ferien arten in Konsumarbeit aus, und sie lassen das Gefühl zurück: »Nächstes Jahr müssen wir endlich mal richtig Urlaub machen.« Die Ferien und deren Ausgestaltung sind heutzutage das permanente Dementi der an sie geknüpften Hoffnung auf das befriedigende Leben.

Goethe, ein Vorreiter jener heute so verbreiteten Reisemobilität, die von der wachsenden Unfähigkeit gespeist wird, es mit sich selbst auszuhalten, notierte im März 1787 in Neapel in sein Reisetagebuch: »Reisen lern ich wohl auf dieser Reise, ob ich leben lerne, weiß ich nicht.« Sehnsüchtig erinnert er sich an das mit dem Reisen verbundene Freiheits- und Glücksversprechen. Schon damals wurde es nur in seltenen Fällen eingelöst – heute noch viel weniger. Doch die Hoffnung nach dem »anderen Zustand«, sie bleibt, sie wächst, und sie wird zum Geschäft gemacht. »Das Paradies ist nicht weit. Wer weniger vom Urlaub erwartet, braucht mich nicht anzurufen …«, verspricht der Reiseveranstalter Terramar.

Wie im Märchen der Igel immer schon vor dem sich totrennenden Hasen da ist, so ist es auch die Freizeitindustrie. Sie ist angetreten, um unsere Sehnsüchte profitabel auszubeuten. Indem sie diese nur scheinbar erfüllt, sie aber zu erfüllen vorgibt, macht sie uns süchtig. Von der Sehnsucht zur Sucht – bis wir es schließlich mit uns selbst nicht mehr aushalten. Auch für diese Flucht liegen bereits die getesteten Angebote in den schillernden Hochglanzbroschüren unserer Reiseveranstalter vor. Und auch der »Pädagogenigel« ist zur Stelle und hetzt den urlaubsreifen Hasen zusätzlich. Die »Reisepädagogik« wurde jüngst erfunden. Ihr Motto: »Ferien machen will gelernt sein!« Für den Kurzurlaub werden bildungsförderliche Waldlehrpfade und lernintensive Erlebnisparks bereitgehalten.

All dies gehört zum profitablen Spiel mit den Verheißungen einer anderen Wirklichkeit, die die Begriffe »Ferien« und »Urlaub« an das Gefühl der Sehnsucht nahtlos anbinden. Sehnsucht nach freier Zeit, Sehnsucht, sich selbst einmal zu begegnen. Diese jedoch ist nicht, obgleich es Jahr für Jahr millionenfach versucht wird, durch den Kauf einer Reise aus den bebilderten Katalogen der vielen Urlaubs-Unternehmer zu stillen.

Die Kapitallogik hat den Urlaub längst im Würgegriff. Inzwischen glauben die meisten in unserem Lande, daß der Sinn von Ferien zuallererst darin besteht, in dieser Zeit das Leben eines Verbrauchers zu führen, der durch Arbeit nicht in seinen Interessen am Geldausgeben gehindert wird. Immer mehr gleichen wir einem farbenblinden Chamäleon. Dieses orientiert sich nicht mehr an seiner Umgebung, sondern wechselt seine Farbe entsprechend der jeweiligen Illusion über seine Umwelt. So aber schlägt die zum Schutz und zur Tarnung entwickelte Technik in ihr Gegenteil um, in penetrante Auffälligkeit.

Alles dies kann man bei genauem Hinsehen und mit etwas historischem Bewußtsein nur als Realsatire verstehen, denn mit »feriae« (wovon sich der Begriff »Ferien« ableitet) wurden ehemals jene Tage bezeichnet, an denen die Geschäfte ruhten bzw. ruhen mußten. So nachzulesen in Zedlers Universal Lexikon von 1735 (Band 9): »Man durfte an denselben keine Gerichte halten, keine Hand-Arbeit verrichten und, kurz zu sagen, sich mit nichts bemühen, wodurch der Leib konnte ermüdet werden.« Man stelle sich das heute vor: Die Befolgung dieser Anweisung wäre der gegebene Anlaß, um die Notstandsgesetze in Kraft treten zu lassen. Auch davon, daß der Urlaub etwas mit der »Sommerfrische« zu tun haben könnte, erfährt man nur noch von längst verstorbenen Romanautoren.

»Ferien« existierten in den Schulen des Mittelalters und in der frühen Neuzeit ausschließlich als Ferientage. Davon wiederum gab es sehr viele, so daß, über das Jahr verteilt, die (Ferien-)Zeiten im Vergleich zu heute, quantitativ gesehen, nicht unbedingt besser geworden sind. Ihre Qualität jedoch hat sich über die Jahrhunderte hinweg fundamental verändert. »Schulfrei« gab es für die unterschiedlichsten Feste und Feiern, für kirchliche (feriae sacrae) und für weltliche (feriae profanae). Die Sonntage miteingerechnet, machten diese fast ein Drittel der Jahrestage aus. Diese Ferien waren eingebettet in eine verbindliche kultisch-soziale Jahresordnung und damit Teil eines Systems, das dem menschlichen Leben einen festen Rhythmus in der Zeit gab. Die heutzutage den leidlich balancierten Familienzusammenhalt gefährdende Frage: »Was machen wir denn in den nächsten Ferien?« stellte sich nicht. Was man zu tun hatte, war durch Traditionen und Riten festgelegt. Die Ferien brachten ehemals weder Eltern noch Schüler (auch nicht die Lehrer) in den heute üblichen akuten Entscheidungsnotstand. Im gleichen Umfang, wie in den letzten Jahrhunderten die Kraft der sozialen Verbindlichkeiten sank und damit die individuellen Gestaltungsräume größer wurden, entwickelten sich mannigfach beklagte Orientierungsprobleme. Das war eine willkommene Chance für die Reisebüros und ihre Werbeabteilungen, ihre Profite zu steigern. Nicht ganz selbstlos übernahmen sie die ehemals von religiösen und sozialen Gemeinschaften geleistete Aufgabe zu empfehlen, wo es lang geht. Ob das ein entscheidender Schritt in die »große Freiheit« ist? Auf jeden Fall ist es einer, der die Illusionen von der »großen Freiheit« zu fördern vermag. Die schließlich ihre Realisierung in der schicken Inszenierung des einfachen Lebens im Aktiv-Urlaub erfährt.

Die Illusionen jedoch vergehen schnell, wenn man in pädagogischen Handbüchern nachliest, was dort unter dem Stichwort »Ferien« zu finden ist. Die »große Freiheit« ist, zu diesem Schluß kommt man unweigerlich, eine wohlkalkulierte pädagogische Methode, den Unterricht in der ferienlosen

Zeit besser und effektiver gestalten zu können. 1855 schreibt Curtmann in seinem Lehrbuch der Erziehung: »Einige freie Tage, welche zwischen die Einförmigkeit des Schullebens treten, erfrischen zugleich Körper und Geist und geben dem Letzteren eine gewisse Unbefangenheit wieder, welche er bei dem gleichmäßigen Lernen leicht einbüßt; dazu kommt der Reiz der Neuheit, welchen der Unterricht nach der Unterbrechung gewinnt.« Es ist klar: Die Ferien sind nicht das ganz »andere«, sie sind nichts als die Rückseite des pädagogischen Alltags, und sie sind nur dafür da, die Vorderseite besser zur Geltung zu bringen.

Werden im Lexikon der Pädagogik (Willmann) von 1913 noch »hygienische Notwendigkeiten« als Rechtfertigung für Schulferien genannt, so beschränkt man sich in neueren Handbüchern und Nachschlagewerken auf die Ordnung der Ferien. Statt Begründungen nur Paragraphen. Den Rest erledigen der Freizeitpädagoge, der Ferienhelfer und der Animateur. Freiluftpädagogik. Konsequent wird man darauf hingewiesen, Ferien: siehe Ferienordnung.

Diese sieht dann folgendermaßen aus: Die Hessen leisten sich eine Ferienordnung mit 12 Paragraphen, die anderen Bundesländer konkurrieren heftig damit. Die chronische Angst des Bürgertums vor dem Kontrollverlust, die anscheinend von 75 »freien« Tagen ausgeht, ist unbegründet. Alles ist von unseren Volksvertretern wohlbedacht und gut geregelt. Macht's gut dann, bis zum nächsten Jahr – am Biebelrieder Kreuz.

Es ist nicht notwendig, daß du aus dem Haus gehst.
Bleib bei deinem Tisch und horche.
Horche nicht einmal, warte nur.
Warte nicht einmal, sei völlig still und allein.
Anbieten wird sich dir die Welt zur Entlarvung,
sie kann nicht anders,
verzückt wird sie sich vor dir winden.

Franz Kafka

Wein und Zeit

»Der Zeit-Geist aus der Flasche«

»In den Flaschen, um die Lippen herum, liegt die Kultur.
Und letzten Endes das Wissen: Klugheit und Weisheit.
Homo sapiens, der Mensch, der zu schmecken weiß.
Spürsinnig: der zu riechen versteht.«

Michel Serres

»Man kann nicht stets im Unerreichten leben,
drum braucht man auch den Saft der leichten Reben,
der uns die Seele metaphysisch nährt,
der durch den Geist uns dionysisch fährt.
Der Denker sich vom Wein befeuchten lasse,
damit er recht des Geistes Leuchten fasse;
denn mancher erst in der Befeuchtung Land
den Geist der tieferen Erleuchtung fand.«

Wilhelm Weischedel haben wir diese kost-baren Schüttelrei-
me zu verdanken. Sie stammen aus seinem Lied »Der trunke-
ne Philosoph«. Daß im Wein die Wahrheit liegt – übrigens
eine Wahrheit aus dem sechsten vorchristlichen Jahrhundert,
die dem Alkaios, einem Sänger von der Insel Lesbos, zuge-
schrieben wird –, ist nicht nur eine allseits gern gebrauchte
Redewendung. Dies ist auch die Aufforderung an alle, die
sich auf die Suche nach dem Wahren machen, solch anstren-
gendes Vorhaben nicht ohne die dafür notwendigen Flaschen
anzugehen. Für jene, die dies mit Geduld und sensiblem Geschmack schon immer taten und immer noch tun, war und ist
die Alltagsrealität sowieso nicht viel mehr, als jene Illusion,
die durch den Mangel an gutem Wein entsteht. Diese Erkenntnis ist der erste Schritt zu jener Wahrheit, die dann noch
tiefer im Glas zu suchen wäre. Hätte Rotkäppchen der Großmutter – wie die Gebrüder Grimm uns dies nicht allzu nüch-
tern schildern – den Wein nicht nur mitgebracht, sondern hätte es diesen selbst getrunken, so wäre die Wahrheit, wer da in

den Kissen liegt, viel früher entdeckt worden. Leider wohl auch zu Lasten des Märchens, das so keines mehr wäre, obgleich bei einem weiteren Schluck wahrscheinlich ein anderes hätte entstehen können. Gestehen wir es uns ein: Wir wissen es nicht. Um die Wahrheit darüber herauszubekommen, müßten wir schon selber zur Flasche greifen.

Ja – und dies wiederum ist eine »vinifizierte« Wahrheit von Baudelaire – »wer nur Wasser trinkt, hat etwas zu verbergen.« Er hat natürlich recht, nicht zuletzt, weil Goethe vor ihm bereits zur Erkenntnis gelangte (nach wie vielen Flaschen seines geliebten Frankenweins, ist leider nicht überliefert): »Es liegen im Wein … produktivmachende Kräfte sehr bedeutender Art.« So ist's, in der Tat.

*

Nur wer Wein trinkt, lernt die Zeit kennen. Allein die schwierigen Auswahlentscheidungen, welche der angebotenen »Bouteillen« man kauft und schließlich trinkt, setzt eine profunde Kenntnis über Jahreszeiten und Jahrgänge voraus. Hat man den Wein dann endlich im Mund, erschließt sich der Geschmack vergangener Zeiten.

Die »Geschichte von Sonnenschein und Regenwetter« (Le Roy Ladurie) könnte nicht erforscht und auch nicht geschrieben werden, gäbe es keine Fässer und keine Flaschen, in denen das Klima der Jahrhunderte kost-bar eingefangen ist. Die Qualität des Weines liefert (glücklicherweise nur »unter anderem«) klimatische Dokumente allererster Güte, die für die Ursachenforschung von so manchem, bisher ungeklärten, historischen Sachverhalt äußert aufschlußreich sein könnten. Dies ist zumindest für die etwas asketische Wissenschaft ein Beleg, daß im Wein Wahrheit liegt. Er dürfte insbesondere für jene Menschen überzeugend sein, die Beweise benötigen, bevor sie zum Glas greifen. Solche können geliefert werden –

jedoch nur in den seltensten Fällen von jenen, die den Wein liefern.

Einen weiteren Beleg für jene bedauernswerten Menschen, die es jetzt immer noch nicht fertigbringen, nach all den guten Argumenten eine Weinflasche zu öffnen, finden diese in folgender Zeitungsmeldung:

Studie: Weintrinker leben länger als Abstinenzler

Hamburg (AP) – Weintrinker leben nach einer Untersuchung dänischer Mediziner länger als Abstinenzler. nach einem Bericht der Fachzeitschrift *British Medical Journal* haben Menschen, die täglich zwischen drei und fünf Gläser Wein trinken, eine höhere Lebenserwartung. Menschen, die hochprozentige alkoholische Getränke zu sich nehmen, sterben hingegen früher. Der Genuß von Bier habe keinen Einfluß auf die Lebenserwartung.

Süddeutsche Zeitung vom 6./7. Mai 1995

Weintrinker wußten so etwas bereits seit langer Zeit, zumindest ahnten sie es. Der Wein hat eben »Körper« und dieser stabilisiert den schwankenden Leib jener, die ihn zu sich nehmen. Das erfuhr auch Noah, der sich intensiv dem Weinbau widmete. Auch er liebte nicht die geraden Linien – ebensowenig wie der Wein diese mag – und wurde dabei 950 Jahre alt.

Antonius Anthus, der 1852 seine »Vorlesungen über Esskunst« veröffentlichte, empfiehlt:

Menschen, welche sich stark körperlich bewegen, sollen guten Wein trinken zur Erhaltung der Muskelkraft; solche aber, welche eine sitzende Lebensart führen, sollen guten Wein trinken, um den Reiz jener Bewegung zu ersetzen. Im

Winter ist es sehr dienlich, guten Wein zu trinken, um sich zu erwärmen, und was ist im heißen, trocknen, staubigen Sommer erfrischender und belebender, als ein gutes Glas Wein?

Am besten schmeckt der Wein, wenn man ihn in der Absicht trinkt, sich ihn schmecken zu lassen.

Wein ist ein, im doppelten Sinne, bedeutsamer Genuß; und eine seiner wichtigsten Bedeutungen ist, daß er den Schlüssel zur »Zeit« aushändigt. Der Wein und das Trinken desselben drücken einen ganz besonders sensiblen Umgang mit dem Zeitlichen aus. Der Herzog von Clarence wußte dies, und er inszenierte diese Erkenntnis großartig. Wie bei Rabelais nachgelesen werden kann, wurde dieser Adelige 1478 auf Befehl seines königlichen Bruders – Eduard IV. von England – zum Tode verurteilt. Als Konzession an seine Herkunft wurde ihm die Art der Hinrichtung freigestellt. Er entschied sich für das Ertränktwerden in einem Faß Malvasier. Mit Wein in die Zeitlosigkeit – vom Diesseits ins Jenseits – das ist's, was uns Überlebende doch immer wieder zu einer guten Flasche greifen läßt.

Im Wein treffen sich die Zeit und die Zeitlosigkeit zu einem Rendezvous – und das schöne ist, man darf dabei sein. Das Genießen des Weines ist der Versuch, mit der Zeit versöhnt zu leben, sie mit Qualität zu füllen. Es ist die Befreiung von der lästigen Anstrengung, Zeit gewinnen zu müssen; sie kann verloren werden, weil man sie schmeckt. Weintrinker laden die Zeit zu sich ein; sie hetzen sie nicht und flüchten auch nicht vor ihr. Sie genießen den Wein, weil sie nichts genießen wollen außer dem Wein.

*

Das Procedere des Weingenusses ist vielerorts in Rituale, in religiöse und quasi-religiöse Akte eingebettet. Diese sind es, die die Zeit außer Kraft setzen. Sie fungieren als Symbole des Überzeitlichen. Insofern bewahren sie die Zeit. Jene Zeit nämlich, die man im Alltag so schnell an andere und anderes verliert.

Die Zeithetze des Tages konfrontieren wir mit der Zeitlosigkeit des Weingenusses am Feierabend. Die harten Verhandlungen um ein Geschäft kompensieren wir mit der versöhnenden Geste einer gemeinsam getrunkenen Flasche Burgunder. In den Geschenkkorb derer, die wir in den Ruhestand verabschieden, plazieren wir an zentraler Stelle einen – hoffentlich guten – Weißen und einen – hoffentlich auch guten – Roten. Der Wein versöhnt mit den Entbehrungen des hektischen Alltags. Er erinnert uns immer wieder daran, daß das Leben nicht darin bestehen kann, es wie eine abzuarbeitende Check-Liste zu führen. Die schnellebige Zeit führt am Sinn des Lebens vorbei. Der langsame Genuß des Weines holt wieder etwas davon zurück, denn in und durch ihn schmeckt man jene produktive Verschwendung der Natur, die nicht in Preisen faßbar ist (die Sonne scheint – immer noch –, ohne dafür eine Rechnung zu stellen) – obgleich der Wein durchaus ja seinen Preis hat. Kurz gesagt: Der Wein gehört zum Symbol-Vorrat unserer Gesellschaft; und er ist von allen Bedeutungen zweifelsohne eine der schmackhaftesten, glücklicherweise. Darüber hinaus ist er eines der ältesten aller uns bekannten Symbole.

Er ist ein Geschenk der Götter. Die Quellen der Geschichte weisen zu den Babyloniern und den alten Ägyptern. Letztere bauten nachweislich im Niltal Reben an. Daß der Wein bei den Griechen ein nicht unwichtiger Teil ihrer Identität war (und manchmal auch zum kurzfristigen Vergessen dieser diente), läßt sich bei Homer nachlesen. Sophokles brach bereits im 5. Jahrhundert (v. Chr.) über das südliche Italien in

Lobeshymnen aus, weil dort so guter Wein gedieh: »Bacchus, ... der du das herrliche Italien schirmst.« Wortgewaltig lobte auch Aristophanes die Wirkungen des gegorenen Rebensaftes: »O du Wasserkrugsalbader! Du wagst's, den Wein zu schmähen, den Sporn des Denkens? Was weckt die Tatkraft so wie Wein?«

Generell gilt für diese bestbekömmlichste aller Ausschreitungen: »Wein war das Getränk der Alten Welt schlechthin. Er war das Elixier der Herren genauso wie der Trost der Sklaven, er war ein Lebens-Mittel in des Wortes tiefster Bedeutung, und er war in harten Zeiten wohl auch ein Überlebensmittel. Man müsse, schrieb schon der Naturforscher Plinius der Ältere, seinen Körper, wenn man ihm Gutes tun wolle, von außen mit Öl und von innen mit Wein behandeln. (Wagner)«

In der Bibel gibt es etwa 1200 Anspielungen auf den Wein, die Weinberge und auf die Winzer. Nur 45 davon verurteilen die Trunkenheit. Bei dieser Relation weiß man, was man zu tun hat.

Der Wein ist in der Tat ein biblisches Getränk, und die christliche Kirche hat ja, indem sie den Wein zu einem wichtigen Bestandteil des Abendmahlrituals machte, zur Verbreitung und zur Anerkennung des Weines und dessen Trinkkultur beigetragen. Die besten Burgunder sind (besser: waren) Klosterweine. Den Clos de Bèze haben die Benediktiner kreiert, den Meursault die Zisterzienser, den Chateau-Chalon, der wie ein Sherry schmeckt, den verdanken wir einer Äbtissin aus dem 14. Jahrhundert. Ja, auch der Champagner ist eine geistliche Entwicklung. Dom Pérignon, der Kellermeister der Jansenisten, hat ihn im 17. Jahrhundert in Hautvilliers entwickelt.

Sie alle waren bibeltreu und haben sich an den Ratschlag, der bei Prediger 9, 7 nachzulesen ist, gehalten: »Wohlan, iß fröhlich dein Brot und trinke vergnügt deinen Wein. Denn seit jeher gefällt es Gott, wenn du so handelst.«

Es würde zu einem Faß ohne Boden werden, wenn man alle Literaten erwähnen wollte, die dem Wein Hymnen des Lobes zuteil werden ließen. Von Goethe ist ja allseits bekannt, daß er bevorzugt in Jahrgängen dachte. Ein zeitgenössischer Beobachter berichtet: »Der Alte sprach viel und trank nicht wenig – es sollen zwei Flaschen täglich gewesen sein.« Hegel hingegen suchte nicht nur den Weltgeist, sondern auch den Weingeist. Sein Brief an die Gebrüder Ramann vom 8. August 1801 belegt dies:

Jena 8 Aug. 1801

Hochedelgebohrner Herr!

Ich habe die Ehre, Euer Hochedelgebohrn wieder um einen Viertel Eimer – diesmal Medoc zu ersuchen; Sie werden das Geld für das Fäßchen erhalten haben; doch bitte ich Sie, mir ein wohlkonditionierteres zu schicken; das letzte war oben anbrüchig, so daß einige Bouteillen ausgelaufen waren. Das Geld folgt gleich mit; ich hoffe den Wein bis nächsten Samstag zu erhalten und habe die Ehre zu sein

Ihr gehorsamer Diener
D. Hegel

Am schönsten unter den Großfürsten der deutschen Geistesgeschichte hat zweifelsohne Lessing dem Wein gehuldigt:

»Ob ich morgen leben werde,
Weiß ich freilich nicht;
Aber wenn ich morgen lebe,
Daß ich morgen trinken werde,
Weiß ich ganz gewiß.«

Sie alle – und viele mehr – haben deshalb zum gefüllten Weinglas gegriffen, weil im Weingenuß Zeiterfahrungen möglich sind, die dem nüchternen Menschen verschlossen bleiben.

Dies liegt daran, daß der Wein die Zeit verkörpert und im Körper des Weins die Zeit (im doppelten Sinn) kost-bar ist.

*

Der Wein speichert eine jeweils ganz eigene, besondere Zeit. Das, was wir trinken – und, wenn wir uns Zeit nehmen, auch schmecken –, ist die Zeit, die der Wein in sich birgt: die Zeit der Reife, die Zeit der Ernte, die Zeit der Lagerung, die Zeit der Pflege, die Zeit des Genusses. Daher sollte man beim Wein – genauso wie in der Liebe – niemals hasten, niemals beschleunigen. Tut man es trotzdem, erlebt man nur unerfüllte Sehnsucht, Traurigkeit und großes Bedauern über die erahnten, aber nicht erlebten Möglichkeiten. Wer Wein schnell trinkt, der sollte besser Wasser zu sich nehmen. So jemand trinkt ihn nicht, er schluckt ihn nur. Wie dies auch mit den schnellen Weinen, beispielsweise mit dem Prosecco geschieht, den die einfallslosen Dringlichkeitsdynamiker und Streßalkoholiker unserer Tage bevorzugt im Stehen zu sich nehmen.

Die Qualität des Weines erkostet man ausschließlich dann, wenn man Geduld hat, wenn man sich Zeit läßt. Diese braucht man ja bereits, um einen guten Wein zu finden. Und man braucht viel Zeit – und auch viel Wein – um den Geschmack für diesen zu entwickeln. Das alles geht nicht geradlinig; da muß man Umwege gehen, da muß man Enttäuschungen erleben und Erfahrungen machen. Wie eben auch sonst beim Lernen, wenn's denn was Gescheites werden soll. Der Wein nämlich ist der Lehrer der Zunge. Es muß wohl diese Einsicht gewesen sein, die den Pfälzischen Kurfürsten 1479 dazu bewog, den Heidelberger Professoren das Recht zuzugestehen, zollfrei Wein zu importieren und zu trinken (aber er verbot ihnen gleichzeitig, damit zu handeln oder heimlich Kneipen aufzumachen). Es geht eben nichts über ein gutes Glas Wein – außer ein zweites.

Die Zeiten haben sich geändert, und sie ändern sich schneller denn je. Gegen solchen Beschleunigungsdrift sträubt sich der Wein. Die Wiener haben deshalb recht: »Es wird ein Wein sein, und wir wer'n nimmer sein …«

Nehmen wir als Lebende regen Anteil an diesem köstlichen Rendezvous von Endlichkeit und Ewigkeit. Denn: »Was ist das Leben, da kein Wein ist?« so liest man es in der Bibel (bei Jesus Sirach 31.33).

Die Antwort ist trinkbar.

*

Ein Märchen:

Wolf: Was trägst Du unter der Schürze?

Rotkäppchen: Kuchen und Wein.

Wecker

»Bruder Jakob, schläfst du noch –
hörst du nicht die Glocken … «

»Es ist ein einförmiges Ding um das Menschengeschlecht.
Die meisten verarbeiten den größten Teil der Zeit, um zu
leben, und das Bißchen, das ihnen von Freiheit übrig
bleibt, ängstigt sie so, daß sie alle Mittel aufsuchen, um es
los zu werden«.

Goethe, Die Leiden des jungen Werther

Es gibt eine unkriegerische, harmlos klingende, aber äußerst
effektvolle Methode, unsere Industriegesellschaft radikal zu
verändern: Man schaffe alle Wecker ab. Nicht die Dampfma-
schine, nicht der Ottomotor und auch nicht das Fernsehen
bilden das instrumentelle Rückgrat dieser Gesellschaft – es
sind die Wecker. Bereits um 1900 – gerade war das Auto erfunden – besaß jeder Privathaushalt mindestens einen
Wecker, und heute sind es – fragen Sie selbst nach – zwei, drei,
vier …

Im Kontrast zu dieser flächendeckenden Verbreitung steht
in auffälliger Weise der Sachverhalt, daß der Wecker als
Sammlerobjekt und auch als Gegenstand wissenschaftlicher
Erörterung »im Dunkeln steht« – wo er sich ja auch sonst
meistens aufhält. Die Sozialgeschichte des Weckers muß erst
noch geschrieben werden. (Ja, Ihr Historiker – früher aufstehen!)

Der Wecker gehört wegen seiner auffallenden und nachhal-
tig wirkenden Signalfunktion zu den am meisten diskrimi-
nierten Gegenständen in unserer Gesellschaft. Er wird gehaßt
und trotzdem immer wieder gekauft. Durch ihn kommt das
sadomasochistische Unterfutter unseres Fortschrittsver-
ständnisses an die Oberfläche. So etwas verlangt nach Erklä-
rungen.

Der Wecker ist der unerbittliche Funktionär der wachsa-
men Zeitjustiz, den wir selbst eingesetzt haben, um über uns
zu herrschen. Er macht uns in unterschiedlich erschreckender

Art und Weise regelmäßig darauf aufmerksam, daß die Zeit-disziplin, die wir uns selbst auferlegen, mit unserem natürli-chen Lebensrhythmus und unseren wahren Bedürfnissen kollidiert. Er katapultiert uns aus dem zeitlosen Zustand des Schlafs in die zeitlichen Pflichten des Alltags hinein. Er ist eine Selbstzwangapparatur, die uns an unsere Disziplinlosig-keit erinnert und daran, wie anders das Leben sein könnte, wenn wir uns nicht selbst disziplinieren müßten.

Fast täglich erleben wir an diesem Disziplinierungsinstru-ment »Wecker« unsere menschliche Unvollkommenheit: Der Mensch kann sich nicht selber wecken – er muß sich wecken lassen. Und diese Erfahrung hat er schon seit ewigen Zeiten machen müssen. Es ist immer auch die leidvolle Erfahrung fremder Herrschaft über die individuelle Triebnatur.

*

Wenig bekannt sind aggressive Ausschreitungen gegen die er-sten Wecker dieser Welt, gegen die krähenden Hähne. Mögli-cherweise ist jedoch der Sachverhalt, daß diese ja auch ein schmackhaftes Nahrungsmittel sind, als eine zivilisatorisch akzeptierte Form der Aggressionsverarbeitung gegenüber dem »Störenfried« zu interpretieren. Hähne waren ehemals dem Mars geweiht, wahrscheinlich, weil die Römer sie als »Wachmacher« in ihren Kriegszügen einsetzten. Platon hin-gegen war das bunte Federvieh anscheinend zu unzuverlässig. Er soll, so wird berichtet, mit Hilfe einer Wasseruhr den er-sten instrumentellen Wecker konstruiert haben. Dabei preßte das zu einer festgelegten Zeit herausstürzende Wasser die Luft in einer Röhre so zusammen, daß ein Pfeifton hörbar wurde. Ähnlich funktionierten die Dampfpfeifen, die viele Jahrhunderte später in den englischen Industriestädten die Arbeiter aus dem Schlaf rissen. In Rom verließ man sich an-scheinend nicht auf die gewagte platonische Konstruktion.

Das Federvieh wurde für zuverlässiger gehalten. Die dummen Gänse waren klug genug, durch ihr Geschnatter 385 v. Chr. die Wachmannschaften rechtzeitig zu wecken, um das römische Capitol vor der Zerstörung durch die Gallier zu retten.

Im Mittelalter ersannen die Mönche, die wegen ihrer nächtlichen Gebetszeiten regelmäßig geweckt werden mußten, originelle Weckgegenstände. Zuerst waren dies Wasseruhren, dann – nach der Entdeckung der mechanischen Uhrwerkhemmung – Glockensignale. Solche Apparaturen wurden schließlich auch von den italienischen Kommunalverwaltungen eingesetzt, um die Lohnarbeiter von ihrer Siesta an die Arbeitsstelle zurückzurufen. Das literarisch bekannteste Zeugnis für den Gebrauch der Weckglocke im ausgehenden Mittelalter befindet sich in Dantes »Göttlicher Komödie« (Paradies, zehnter Gesang, Vers 139-148): »Tin, tin, sonando«, so beschreibt er lautmalerisch den Weckton.

»Dann sah ich gleich dem Uhrwerk, das zur Stunde,
wo, um die Gunst des Bräut'gams zu gewinnen,
sich Gottes Braut erhebt zur frühen Mette,
uns ruft und, wie die Räder ziehn und treiben,
Tin Tin erklingen läßt, so süßen Tones,
daß liebend schwillt der gottbereite Geist,
sich jenes ruhmesreiche Rad bewegen
und Stimm und Stimme also sich in Wohlklang
und Süß entsprechen, als man nur verstehn kann,
wo solcher Wonne Ewigkeit gewähr ist.«

Lange Zeit blieben es Glockenzeichen, die über die Jahrhunderte hinweg die Menschen aus dem Schlaf rissen. Erst mit der sich intensivierenden Industrialisierung (ab Mitte des 19. Jahrhunderts) und dem wachsenden Druck zu einer präziseren Zeitordnung, wurden zusätzliche Disziplinierungsmittel eingesetzt. Anfänglich waren dies »Wachklopfer«, die von Wohnung zu Wohnung gingen, um die Arbeitenden aus ihren Betten zu holen. Dann aber wurden bald die Medien der Selbstdisziplinierung in Gestalt der ersten Wecker entwickelt. Der menschliche Weckdienst wurde durch die Apparatur ersetzt.

*

Das Zeitdiktat der industrialisierten Gesellschaft ist zum Selbstzwang geworden. Aber in den Möglichkeiten der individuellen Selbststeuerung waren auch befreiende Aspekte erkennbar und erlebbar, und wenn es der Rettungswecker für Scheintote ist, der 1828 in Wien erfunden wurde.

In Kafkas Erzählung »Die Verwandlung« findet man eine sensible Schilderung dieser erzwungenen Freiheit: »Und er sah zur Weckuhr hinüber, die auf dem Kasten tickte. ›Himmlischer Vater!‹ dachte er. Es war halb sieben Uhr, und die Zeiger gingen ruhig vorwärts, es war sogar halb vorüber, es näherte sich schon dreiviertel. Sollte der Wecker nicht geläutet haben;… Der nächste Zug ging um sieben Uhr; um den einzuholen, hätte er sich unsinnig beeilen müssen, und die Kollektion war noch nicht eingepackt, und er selbst fühlte sich durchaus nicht besonders frisch und beweglich. Und selbst wenn er den Zug einholte, ein Donnerwetter des Chefs war nicht zu vermeiden, denn der Geschäftsdiener hatte beim Fünfuhrzug gewartet und die Meldung von seiner Versäumnis längst erstattet.«

Das Maß an zeitlicher Präzision und auch an zeitlicher Zuverlässigkeit von Mensch und Wecker gleichermaßen, hat im Laufe unseres Jahrhunderts immer mehr zugenommen. Dies ist u.a. ein Verdienst der technischen Weiterentwicklung unserer wachmachenden Beherrschungsapparatur. Heute wird der Workaholic, den die innere Natur zu überlisten droht, von dem Kurzschlaf mit einem Pieps-Ton gerade rechtzeitig zum nächsten Termin geweckt. Der Armbandwecker hat genauso Karriere gemacht wie der Radiowecker, mit dem wir uns durch Musik und belangloses Geplappere in den Tag schubsen lassen.

Und weil ein jeder Morgen, der mit einem Weckton beginnt, etwas von einem verdorbenen Magen an sich hat, wird an »Papas little helper« für die Selbstdisziplinierung weiter gearbeitet. Die Anstrengungen sind darauf gerichtet, das Schockerlebnis, das zwischen Schlaf und Wachsein liegt, zu reduzieren – wenigstens technisch. Der »warme Weckton« ist inzwischen entwickelt, und experimentiert wird mit Verfahren, um die Beleuchtung in den Schlafzimmern so zu steuern, daß über die biologische Uhr der Schlafenden der Aufwachvorgang in Gang gesetzt wird. Die innere Moral der Zeitdisziplin kann auf die kleinen äußeren Hilfsmittel anscheinend nicht verzichten, es sei denn, wir verzichten auf das Aufstehen. Warum eigentlich nicht?

*

»Das Werk der Weckuhr schnappte ein und rasselte pflichttreu und grausam. Es war ein heiseres und geborstenes Geräusch, ein Klappern mehr als ein Klingeln, denn sie war altgedient und abgenutzt; aber es dauerte lange, hoffnungslos lange, denn sie war gründlich aufgezogen.

Hanno Buddenbrook erschrak zuinnerst. Wie jeden Morgen zogen sich bei dem jähen Einsetzen dieses zugleich boshaften und treuherzigen Lärmes auf dem Nachttische, dicht neben seinem Ohre, vor Grimm, Klage und Verzweiflung seine Eingeweide zusammen. Äußerlich aber blieb er ganz ruhig, veränderte seine Lage im Bette nicht und riß nur rasch, aus irgendeinem verwischten Morgentraume gejagt, die Augen auf.

Es war vollkommen finster in der winterkalten Stube; er unterschied keinen Gegenstand und konnte die Zeiger der Uhr nicht sehen. Aber er wußte, daß es sechs Uhr war, denn er hatte gestern abend den Wecker auf diese Stunde gestellt ... Gestern ... gestern ... Während er mit angespannten Nerven, um den Entschluß kämpfend, Licht zu machen und das Bett zu verlassen, regungslos auf dem Rücken lag, kehrte ihm nach und nach alles ins Bewußtsein zurück, was ihn gestern erfüllt hatte ...« (Thomas Mann, Buddenbrooks)

Der gute blaue Montag

Eine kleine Geschichte der Arbeitsverweigerungskultur

»Denn das Leben und die Zeit des Menschen sind nicht von Natur aus Arbeit, sie sind: Lust, Unstetigkeit, Fest, Ruhe, Bedürfnisse, Zufälle, Begierden, Gewalttägigkeiten, Räubereien etc. Und diese ganz explosive, augenblickhafte und diskontinuierliche Energie muß das Kapital in kontinuierliche und fortlaufend auf dem Markt angebotene Arbeitskraft transformieren.«
Michel Foucault

Goethe hat im Faust in poetischer Form darauf aufmerksam gemacht, daß die zeitlichen Möglichkeiten und die zeitlichen Zwänge, die unseren Alltag bestimmen, von den Menschen selbst gemacht sind.

»Was man den Geist der Zeiten heißt,
Das ist im Grund der Herren eigner Geist,
In dem die Zeiten sich bespiegeln.«

Der Umgang mit der Zeit, das Zeiterleben, das Zeitbewußtsein, das Zeitgefühl, alles das ist Ergebnis sozialer Erfahrungen; und da das Soziale immer auch in einer bestimmten Form von Ordnung vorkommt, stellt sich die Frage, wer die Herren waren und wer sie sind, die »den Geist der Zeiten« prägen. An der Geschichte des »blauen Montags« läßt sich die Interessensbezogenheit real wirksamer Zeitordnungen anschaulich nachvollziehen, weil seine Abschaffung mit sehr viel Widerstand verbunden war. Zwei unterschiedliche Zeitordnungsinteressen stießen dabei heftig aufeinander.

Im Laufe dieses langen Kampfes zeigte sich immer wieder, daß die Geschichte der Zeiten auch die Historie eines folgenreichen Mißverständnisses war und ist, speziell jener, die glaubten, den zeitlichen Weltenlauf gestalten zu müssen. Viele einflußreiche Männer nämlich (und es waren fast nur Männer, daher könnte man von einem »männlichen Mißverständnis« sprechen) versuchten, ihre Allmachtsphantasie, »die Zeit machen« zu können, praktisch werden zu lassen. Nun hat nicht nur ihr eigener Tod – wenn schon nicht sie selbst, so doch die Überlebenden und deren Nachkommen – belehrt, daß dies eine Illusion war, daß es eine ist und auch eine bleiben wird. Die Menschen »machen« nicht die Zeit, aber sie organisieren sie. Und dies mit großer Anstrengung und vielen nicht immer erfreulichen Folgen. Insbesondere bei der Entwicklung der Industriegesellschaft spielte die Zeit als wichtiges Mittel der sozialen Organisation von Wirklichkeit eine herausragende Rolle. Mit »Zeit« wurde und wird Ordnung in das soziale Leben gebracht. Die Schlüsselworte dafür heißen »Disziplin« und »Anpassung«.

*

Staatsmänner, Militärs, einflußreiche Kaufleute und Repräsentanten der Kirchen haben daher sehr viel Energie und nicht selten auch brutale Gewalt darauf verwendet, um über »Zeit« Ordnung in der Gesellschaft herzustellen. Selbstverständlich nicht irgendeine Ordnung, sondern jene, die ihren Interessen nützte. Daher kann die Geschichte des Industriekapitalismus auch als Geschichte der Auseinandersetzung um Zeitordnungen verstanden werden. Beispielhaft ist dafür die Anordnung 103 der Crowleyschen Eisenwerke, die (neben vielen anderen Anordnungen) zum Beginn der Massenproduktion den widerspenstigen Arbeitskräften durch massiven Druck eine profitorientierte Zeitordnung beibringen sollte:

»Manche glaubten wohl, bei ihrem Können und Geschick das Nötige in kürzerer Zeit zu schaffen als andere und haben sich eine Art Bummelrecht angemaßt. Andere waren der törichten Meinung, ihre bloße Anwesenheit ohne jede Arbeit genüge schon (...) Manche besaßen sogar die Unverschämtheit, sich ihrer Schande zu rühmen und andere wegen ihres Fleißes zu tadeln (...) Um Faulheit und Schändlichkeit aufzudecken und die Guten und Fleißigen zu belohnen, hielt ich es für angemessen, durch einen Aufseher einen Zeitplan aufstellen zu lassen und Ordnung zu schaffen und so sei bekanntgemacht, daß es von fünf bis acht und von sieben bis zehn fünfzehn Stunden sind, von denen eineinhalb für Frühstück, Mittagessen usw. abgezogen werden. Das bedeutet dreizehneinhalb Stunden exakte Arbeit (...) Bei Berechnung der Arbeitszeit war all jene Zeit nicht zu berücksichtigen, die vertan wird in Wirtshäusern, Bierstuben und Kaffeehäusern, für Frühstück, Mittagessen, Spiel, Schlaf, Rauchen, Singen, Zeitungslesen, Zank, Streit und Disput, bei jedweder Art von Müßiggang und bei aller Tätigkeit, die nicht mein Geschäft betrifft.«

100 Jahre später hat Marx im »Elend der Philosophie« diesen Erziehungsprozeß zur »induströsen Gesinnung« auf den Punkt gebracht: »Die Zeit ist alles, der Mensch ist nichts mehr, er ist höchstens noch die Verkörperung der Zeit.« Die Arbeitszeit ist nicht mehr die Zeit der Arbeitenden, sondern die der Arbeit und deren gewinnbringender technischer und sozialer Organisation. Dies gilt heute mehr denn je.

Es ist eine lange, aber auch leidvolle Geschichte, die zum hoch rationellen Einsatz der Zeit im heutigen Arbeitsprozeß führte. Der Mensch hat sich als äußerst anpassungsfähiges Wesen erwiesen. Lebensweltlich eingeübt und institutionell eingeschliffen wurde jener Umgang mit der Zeit, den wir heute als »normal« bezeichnen und den die meisten von uns alltäglich problemlos leben. Die Geschichte zeigt, daß das, was wir heute für so selbstverständlich halten, auch als eine Form des Selbstzwangs, der ehemals als Fremdzwang realisiert und erfahren wurde, verstanden werden kann. Es ist ja inzwischen mehrheitlich die eigene Entscheidung, die uns in diesen modernen Zeiten ins Zeitmanagementseminar führt.

Es ist die selbstgekaufte Uhr, von der wir uns mit ihren Zeigern und ihren Tönen zum Einhalten der Zeitordnung ermuntern lassen. Unser Zeitgewissen ist strenger als der Umgang mit so manch anderer Norm. Wir disziplinieren uns selbst, meist durch den Kauf von Instrumenten und Geräten, die uns disziplinieren.

Nicht übersehen werden dürfen jedoch die individuellen und die kollektiven Opfer bei diesem »Fortschritt«. Diese sind beispielhaft an den überregionalen Auseinandersetzungen um den sogenannten »blauen Montag«, den Feiertag des Individuums, der eine ganz besondere Form der Arbeitsverweigerungskultur darstellte, zu erkennen.

*

Das, was wir heute den »blauen Montag« nennen, läßt sich auf die Arbeitskultur der Handwerksgesellen zurückführen. Was aber war das für eine Arbeits- bzw. Arbeitsverweigerungskultur?

Arbeitsfreie Samstage, so wie heute, gab es weder im Mittelalter noch in der Zeit der aufkommenden Industrialisierung. Die Sonntage und die häufigen kirchlichen Feiertage waren in ihrem Zeitrhythmus durch festliegende Rituale der Kirche und durch die Verbindlichkeiten gegenüber der sozialen Gemeinschaft bestimmt. »Freizeit« gab es damals nicht. Sie ist eine Erfindung der neuesten Neuzeit. Es fielen aber notwendige Aktivitäten für die Arbeitenden und die Arbeitsgemeinschaften an, die weder an Sonn-, noch an Feiertagen, noch an den Tagen der Arbeit geleistet werden konnten. Dazu gehörten beispielsweise Volks- und Gerichtsversammlungen, Volksfeste (noch heute ist in manchen ländlichen Gebieten der wichtigste Kirchweihtag der Montag), Zusammenkünfte und Feierlichkeiten der Gilden, Innungen und Zünfte (z.B. der »Bäckertanz« am Pfingstmontag in Frankfurt). Außerdem mußten Innungen und Zünfte Entscheidungen treffen, die die Versammlung der Handwerkergesellen notwendig machte, so die Wahl von Repräsentanten, die Verlesung von Urteilen. Daß zu solchen Anlässen häufig üppig gegessen und getrunken wurde, war ebenso selbstverständlich wie notwendig, weil damit die Gemeinschaft gestärkt werden konnte. Denn Essen und Trinken verbindet die Vereinzelten (solange man sich nicht für Fast-Food entscheidet). Der Alleintrinker ist ein bedauerliches Geschöpf der Moderne – früher war das Trinken ein öffentliches und ein soziales Ereignis.

Neben diesen sozialen Aktivitäten waren aber auch für die Gesellen Zeiten erforderlich, um Dinge zu tun, die für sie selbst notwendig und unverzichtbar waren. Hierzu gehörte zuallererst die Hygiene. Aus einer Nürnberger Chronik von 1348 wissen wir, daß der Montag jener Tag war, an dem die Handwerksgesellen zum Baden gingen. Nun war das Baden im Mittelalter etwas anderes, als das, was wir heute tun, wenn wir uns in die Badewanne setzen. Die Menschen brauchten damals Zeit, und sie nahmen sie sich. Das Bad war ein soziales und manchmal auch ausschweifendes Ereignis in eigens dafür organisierten Häusern. Diese Badehäuser sind im Laufe der Jahrhunderte zu Badeanstalten »verkommen« (der Begriff sagt ja bereits alles) – und diese wiederum zur Naßzelle im Einzimmerappartement. Kein Wunder, daß man es unter solchen Fortschrittsbedingungen heute als einen masochistischen Exzeß auffassen würde, wenn sich jemand einen halben oder sogar einen ganzen Montag in seiner Naßzelle aufhalten würde. Nicht zuletzt provozierten auch die langen Arbeitszeiten (bis zu 14 Stunden täglich) das Bedürfnis nach einem Tag der Ruhe – neben dem Sonntag, der ja so ruhig nicht war.

Verständlich, daß dieser von Arbeit freie Montag vielfach nicht der »blaue« Montag, sondern der »gute« Montag hieß. Denn dieser Montag war eigentlich ein echter Sonntag. Immer aber war der gute Montag eine rechtliche Grauzone. Es gab lang andauernde, heftige Kämpfe der Gesellen gegen ihre Meister, um den freien Montag als wohlbegründetes Recht festzuschreiben. Als Gewohnheitsrecht – und das sagt etwas über die Stärke der Gesellen aus – wurde der freie (gute oder blaue) Montag über Jahrhunderte in fast ganz Europa gelebt. So galt lange Zeit das ungeschriebene, aber doch recht wirksame Gesetz: »Am siebten Tage sollst du ruh'n, am achten mußt du gar nichts tun« (was, wie bei Sprüchen üblicherweise der Fall, in dieser Eindeutigkeit nie so zur generellen Wirklichkeit wurde).

Betreiben wir etwas begriffliche Archäologie, um diese verschüttete montägliche Lebensform an die Oberfläche zu bringen. Warum ist der Montag »blau«? Zuallererst wäre, um eine Antwort zu erhalten, die oberste Schmutzschicht, also der Zivilisationsschutt unserer Tage, wegzuräumen:

Der blaue Montag, so die Auffassung heute landauf, landab, ist (oder besser: war) jener, für die geforderte Arbeitsleistung nur bedingt brauchbare, erste Arbeitstag der Woche. Und blau, so die verbreitete Meinung, macht diesen Montag der Restalkoholgehalt von Arbeitenden, die entweder ganz zu Hause bleiben oder zu spät zur Arbeit kommen und nur eingeschränkt arbeitsfähig sind. Unklar ist, ob der Montag »blau« aussieht, weil man blau macht bzw. blau *ist* oder weil man beides miteinander verbunden hat.

So kommen denn auch solche Alltagsetiketten zustande, wie jenes, daß es sich bei einem in seiner Funktionstüchtigkeit eingeschränkten Auto um ein Montagsauto handeln müsse: ein Auto, das ebensowenig funktionstüchtig ist, wie diejenige Person, die am montäglichen Herstellungsprozeß beteiligt war. Alles dies ist nichts weiter als eine willkommene Illusion. Sie geht nämlich davon aus, daß von der Subjektivität der Herstellenden noch etwas, und sei es deren Alkoholgehalt, in das hergestellte Produkt eingeht. Aber es zeigt sich jedermann und jederfrau, die sich einmal davon überzeugen, wie ein Auto wirklich produziert wird, daß dies nicht stimmen kann. Den alkoholisierten Roboter gibt es nicht, und dieser hat auch in Zukunft keine Marktchance. Deutlich gesagt: Die Rede vom »Montagsauto« basiert nicht auf Einsicht in die Realität, sondern auf wirklichkeitsverleugnender Sentimentalität. Wir sähen es gern, wenn der Mensch – und sei es seine Schwäche – im verkauften Produkt noch spürbar und bemerkbar wäre. Nicht nur in der Automobilproduktion ist die arbeitende Person nur mehr Mittel des Produktionsprozesses – und damit inzwischen weitgehend ersetzbar. Die Rede vom »Montagsauto« mag uns an frühere, an andere Zeiten erinnern. Sie verschleiert aber auch die harten Seiten einer ganz anderen Realität: Der Montag ist heute nicht mehr blau, er ist auch nicht grau, er ist so farblos wie alle Wochentage. Und ebensowenig ist der Mensch in diesem Arbeitsprozeß »blau«. Macht man sich auf die Suche, um für ihn ein gültiges zutreffendes farbliches Symbol zu finden, so würde man es dort zu suchen haben, wo die Farblosigkeit mit der Notwendigkeit der raschen Anpassung zusammentrifft: Der Mensch im Arbeitsprozeß ähnelt einem farbenblinden Chamäleon mit Entscheidungsschwierigkeiten.

＊

Und jetzt zur nächsten Schicht, die es abzutragen gilt:

Der Montag hat seine Bezeichnung als »blauer Montag« *nicht* deshalb, weil die Arbeitenden so häufig »blau« waren. Die Geschichte zeigt, daß es anders war: Unser Sprachgebrauch, jemanden als »blau« zu bezeichnen, weil er betrunken ist, kommt nämlich vom Begriff des »blauen Montags«. Wir verwechseln Ursache und Wirkung. Das Attribut »blau« für jemanden, der nicht mehr gerade stehen kann, gibt es nämlich erst in neueren Zeiten; während man bereits im 16.

Jahrhundert vom »blauen Montag« sprach. Die verbreitete Zecherei am »blauen Montag« war der Grund dafür, jemanden als »blau« zu bezeichnen, wenn er getrunken hatte; aber es war nicht der massenhafte Zustand betrunkener Menschen, was den »freien« Montag zu einem »blauen« machte.

Graben wir eine Schicht tiefer, um an den Ursprung der Benennung »blau« für das Phänomen dieses individuellen Feiertags zu kommen, so wird rasch deutlich, daß wenig deutlich wird. Es gibt in der Fachliteratur (Singer 1917, Koehne 1920) ganz unterschiedliche Herleitungen. Einer der solidesten Erklärungsversuche ist im mittelalterlichen Kirchenleben zu finden. Der letzte Montag im Fasching wurde zum »Blaumontag«. An diesem Tage wurde nicht gearbeitet. »Blaumontag« wurde er deshalb genannt, weil von diesem Tage an die Altäre mit blauem Tuch bekleidet bzw. behängt wurden, um auf die Fastenzeit hinzuweisen.

Ein anderer Erklärungsversuch bezieht sich auf die Tradition der Wollfärber. Krüger-Lorenzen bietet folgende interessante Erklärung an: »Die mit Färberwaid, einem sich an der Luft schnell bläuenden, indigoartigen Farbstoff, gefärbte Wolle ließ man den ganzen Sonntag über im Bad, um sie montags an der Luft trocknen zu lassen. So konnten die Gesellen montags müßig gehen: blaumachen!«

Schließlich haben die Sprachforscher noch eine weitere These. Sie leiten das »blau« von »blaw was leer«, was soviel heißt wie »frei von Arbeit«, ab.

Mit diesen Scherben müssen wir uns bei der archäologischen Suche nach der Herkunft der Wortbedeutung »blauer Montag« begnügen. Eindeutiger als der Begriff ist auf jeden Fall der Sachverhalt, daß der »blaue Montag« über viele Jahrhunderte hinweg existierte. Erst die aufkommende Industrialisierung, ganz besonders der Industrialisierungsschub im 18. und 19. Jahrhundert, hat diesem (nicht formalisierten) Recht ein Ende bereitet. Dies fiel mit dem Niedergang der Gesellenmacht zusammen, der wiederum Folge des Verfalls des Zunftwesens war. Für frühkapitalistische Unternehmer war die im »blauen Montag« zum Ausdruck kommende Zeitsouveränität der Arbeitenden bedrohlich. Sie haben ihre »neue« Macht genutzt, diese Bedrohung abzuschaffen.

Hier auch, im Zeitalter der beginnenden Industrialisierung, finden wir den Schlüssel für die Begriffsveränderung vom »guten« zum »blauen« Montag. Immer schon waren es die Sitzungen von Innungen und Zünften, die Baderituale, die Feiern, die mit mancherlei sinnlichem Genuß verbunden waren. Dabei wurde auch ausgiebig getrunken. Und immer schon gab es Feiern und Feste am Sonntag, die bis zum Montag dauerten oder deren Folgen die Arbeitsfähigkeit am Montag entscheidend herabsetzten.

So wird bereits im 16. Jahrhundert in einer Wiener Ratsverordnung (die der Steinmetze und Maurer von 1550) als Ursache für den »blauen Montag« »der übermäßige Weingenuß an Sonntagen« genannt. Aber erst mit der sich entwickelnden Industrialisierung zwei Jahrhunderte später, der damit verbundenen Entwurzelung der Arbeitskräfte aus ihren lokalen und sozialen Zusammenhängen und der Intensivierung einer weitgehend fremdbestimmten Arbeit, wurde der Alkoholgenuß an den Sonntagen extensiver. »Der trinkende Proletarier, das ist derjenige, der ganz in der Gegenwart lebt, dem vor der Zukunft graut.« (Kautsky 1890) Als der Montag seine soziale Funktion als Versammlungstag, als Gerichtstag, als Badetag einbüßte, wurde er zu jenem Montag, den wir heute, moralisch diskriminierend, »blau« nennen. Die Bezeichnung wurde zur Waffe einer zynischen Moral. Es waren die Unternehmer und die Repräsentanten der Kirchen, vornehmlich der protestantischen Kirche (im 18. und 19. Jahrhundert), die gegen den »blauen Montag« vorgingen.

Es finden sich in diesen Jahrhunderten markante Beispiele für den Kampf um die Zeitdisziplinierung der Arbeitenden.

Gewonnen hat eine Zeitordnung, die sich an den maschinellen und ökonomischen Bedingungen und nicht an den Bedürfnissen der Arbeitenden ausrichtet. In der von ihm erlassenen preußischen Handwerksordnung von 1733 proklamiert Friedrich Wilhelm I.: Er wolle die »bishero eingeschlichene böse Gewohnheit, daß die Handwerksgesellen gemeiniglich des Montags und sonst außer den ordentlichen Sonn- und Festtagen sich der Arbeit eigenmächtig entziehen und müßig gehen, gänzlich abgeschafft wissen.«

*

Der Kampf um den »blauen Montag« ist ein wichtiger Teil der Geschichte unserer auf fremdbestimmte Arbeit hin orientierten Untertanenerziehung. Dies zeigen auch weitere Belege. Besonders solche, die die Durchsetzung der fabrikindustriellen Zeitdisziplin mit den Prinzipien Regelmäßigkeit, Ausdauer, Pünktlichkeit betrieben. Krupp zum Beispiel hat rigoros die Zeitordnung als erste Bedingung der Fabrikordnung gefordert. Er ging schließlich in seiner Firma so weit, daß er 1850 einen Mann eigens dafür einstellte, die Leute von der Toilette herunterzutreiben, die dort zu lange ihren Bedürfnissen nachgingen. Krebs berichtet in seinem Buch über alte Handwerksbräuche, wie es ihm in Bayern während seiner Gesellenzeit ergangen ist: »In deutschen Städten, z.B. München, war zur Zeit meiner Wanderschaft (1874/75) die Polizei verpflichtet, das Blaumachen der Gesellen zu unterdrücken. Jeder Arbeiter, der ruhig und ahnungslos am Montag nachmittag sich in den Strassen blicken liess, wurde von einem Schutzmann angehalten und nach Name, Beruf und Beschäftigungzeit gefragt. Konnte er sich nicht genügend ausweisen, so musste er dem Polizisten auf den Posten folgen.«

Die deutsche Landesgesetzgebung in Preußen und in der Pfalz verordnete am Ende des 18. Jahrhunderts für die Arbeitsunterbrechungen am Montag drakonische Strafen: drei- bis acht-, im Wiederholungsfalle 14tägiger Arrest bei Wasser und Brot, bei erneutem Rückfall vierwöchentliche Zucht- hausstrafe und Entziehung des Rechts zur Handwerksarbeit. Meister, die nichts gegen den »blauen Montag« ihrer Gesellen unternahmen, wurden gleich mitbestraft. Die häufigen Wie- derholungen öffentlicher Moralpredigten und die extremen Strafandrohungen zeigen, daß es ein hartes Stück Arbeit ge- wesen sein muß, die Menschen zu jener Zeitdisziplin zu er- ziehen, die unser heutiges Arbeitsleben kennzeichnet. Dafür mußte insbesondere die Erziehung herhalten (und sie tut es immer noch).

William Temple plädierte 1770 für Arbeitshäuser, in die Kinder bereits im Alter von vier Jahren geschickt werden sollten. Seine Vorstellungen, was dort zu lernen sei, formu- lierte er deutlich: »Es ist sehr nützlich, daß sie auf irgendwel- che Art ständig beschäftigt werden, wenigstens zwölf Stun- den am Tag, ob sie damit nun ihren Unterhalt verdienen oder nicht; denn wir hoffen, daß sich auf diese Weise die heran- wachsende Generation so sehr an ständige Beschäftigung ge- wöhnen wird, daß sie dies zuletzt als angenehm und unterhal- tend empfindet ...«

Auch Fröbel, dem »Vater« der Kindergärten, war die Zeit- disziplinierung von Kindesbeinen an ein wichtiges Anliegen:

Tick, Tack!

Sehet nur, sehet nur!
Wie der Pendel an der Uhr,
Geht das Ärmchen hin und her,
Doch nicht kreuz und doch nicht quer;
Denn es geht Schlag auf Schlag,
Immer tick und immer tack.
Tick, tack; tick, tack.

Uhr mach' mir nur ja kein Leid,
Zeig' mir immer richt'ge Zeit:
Zum Essen, zum Schlafen, zum Zeitvertreib,
Zum Waschen und Baden den ganzen Leib;
Denn mein Herzchen will stets rein,
Will gesund und thätig sein.
Ärmchen geh' drum Schlag auf Schlag,
Immer tick und immer tack.
Tick, tack; tick, tack.

Sogar Kant hat sich an den Disziplinierungsanstrengungen beteiligt: »Wildheit ist die Unabhängigkeit von Gesetzen. Disziplin unterwirft den Menschen den Gesetzen der Menschheit, und fängt an, ihm den Zwang der Gesetze fühlen zu lassen. Dieses muß aber früher geschehen. So schickt man z.E. Kinder anfangs in die Schule, nicht schon in der Absicht, damit sie dort etwas lernen sollen, sondern damit sie sich daran gewöhnen mögen, still zu sitzen, und pünktlich das zu beobachten, was ihnen vorgeschrieben wird.«

*

Zweifelsohne war dieses Einüben in die Gewohnheiten der Industrie erfolgreich, auch wenn wir noch Restbestände der alten Tradition haben. Keine Sorge, diese sind wohlgeordnet und staatlich sanktioniert. Ostermontag, Pfingstmontag – und in manchen Regionen auch der Rosenmontag – sind in Deutschland arbeitsfreie Tage, und auch in den Bank-Holidays der angelsächsischen Länder überdauert die Idee des »blauen« bzw. »guten« Montags.

Trotzdem tobt der Kampf um die Zeit und ihre verbindliche Ordnung weiter.

Heute wird in unseren Schulen ebenso gelernt, daß Zeit kostbar ist und daher mit ihr sparsam umzugehen sei: exakte

Stundeneinteilung, exakte Prüfungszeiten, exakte Anwesenheit. Die Inhalte werden an der gleichmäßig fortschreitenden Uhr orientiert, nicht an den Bedürfnissen der Lernenden. Die Aussage eines Comic lesenden Schülers: »Ich habe heute keine Lust zum Lernen«, darf vom Lehrer nicht akzeptiert werden. Lust darf man am Wochenende haben, aber nicht in der Schule, ausgenommen jene Lust, die der Arbeit bzw. dem Lernen förderlich ist. Und Lust ist sowieso etwas Schlimmes – wir sprechen kaum mehr davon. Was wir heute haben und was wir haben dürfen, sind Motivationsprobleme. Lust, das ist wie der Rausch etwas Zeitloses, und wo bleibt da die profitable Zeitdisziplin? Die Lust und der Rausch sind planlos. Die Planlosigkeit heute, die ist so unehrenhaft, so mit dem Odium der Liederlichkeit behaftet wie der »blaue Montag« im 18. und 19. Jahrhundert.

Der Alkoholrausch, der ja nichts anderes als die Flucht in die Zeitlosigkeit mit arbeitshinderlichen Folgen am nächsten Arbeitstag ist, stellt in unserer Gesellschaft kein allzugroßes Problem mehr dar. Dafür haben wir einen anderen, viel profitableren Rausch, den Geschwindigkeitsrausch. Dieser ist erlaubt, ja erwünscht, und er steigert die Produktivität und den Konsum konjunkturgerecht. Die Vermutung liegt nahe, daß auch er eine Flucht aus den Zeitzwängen ist, ein (gefährlicher) Ersatz für nicht ermöglichte Zeitsouveränität. Wie bei jedem Rausch geht es auch bei dem der Geschwindigkeit um den Schein jener Wunscherfüllung, die das Leben verwehrt.

Der »blaue Montag« ist heute sowenig blau, wie der Feierabend zum Feiern da ist. Er verschwindet im blauen Dunst der ertrotzten Zigarettenpause.

Für manche ist die Arbeit am Montag die willkommene Abwechslung vom öden Fernsehprogramm des vorausgegangenen Wochenendes. Der smarte Manager der postmodernen Industriegesellschaft nutzt das Weekend nicht zu irgendwelchen exzessiven Ausschweifungen. Er joggt, diätet, geht in die Sauna und nimmt sich den Montagvormittag frei, um nicht im üblichen Sonntagabendstau bei seiner Rückkehr vom Landsitz in die Stadtwohnung festzusitzen. Die dabei anfallenden sozialen Distanzgewinne zu allen, die nicht ganz so flexibel sein können, machen ihm diese Entscheidung noch attraktiver. Der arbeitenden Mehrheit jedoch geht's eher so, wie Kafka dies in seiner Prosaskizze »gib's auf!« beschreibt: »Es war sehr früh am Morgen, die Straßen rein und leer, ich ging zum Bahnhof. Als ich eine Turmuhr mit meiner Uhr verglich, sah ich, daß es schon viel später war, als ich geglaubt hatte, ich mußte mich sehr beeilen, der Schrecken über diese Entdeckung ließ mich im Weg unsicher werden (...).«

Die Geschichte der Zeitdisziplinierung hat mit der Abschaffung des »blauen Montags« nicht ihr Ende gefunden. Die Kämpfe haben sich auf andere Personengruppen und andere Institutionen und Organisationen verlagert. Die Widerstandsformen gegenüber jenen, die durch Zeitordnungen ihre Interessen durchsetzen wollen, sind notwendigerweise andere geworden. Aber, ob es um die Verkürzung der Lebens- oder der Wochenarbeitszeit, um den Widerstand gegen die geplante Einführung der Sonntagsarbeit oder das Aufstellen von Stechuhren geht; letztlich ist es seit Jahrhunderten immer das gleiche, es ist ein Kampf gegen Zeitzwänge. Es geht darum, daß der Fortschritt auch einmal etwas anderes sein soll, als das Fortschreiten organisierter Zeit-Herrschaft. In diesem Fall könnte vielleicht auch mal der Montag »blau machen«.

Wochenbeginn

Montag, der tückische Stier
auf der Werktagsweide,
umkreist mich zwei Stunden lang,
lauert mit rötlichen Augen,
senkt schnaubend den bulligen Kopf.
...
Langsam nur macht mich
die ständige Drohung
wachsamer, stärker, bereiter.

Und dann – nach etwa zwei Stunden –
wie er mich grade bösartig anschnaubt,
pack ich ihn plötzlich – Montag,
den tückischen Stier,
pack ihn mit beiden Fäusten,
pack ihn an beiden Hörnern,
zwing ihn mit knarrenden Muskeln
jäh in die Knie.

Triumph!

Die übrigen Tage sind Kühe,
wiederkäuend –
mit denen werde ich fertig.

W. Bartock

Postmoderne Zeiten

»Mc-times«

>Herr Valentin, können Sie mir vielleicht sagen, wieviel Uhr
es ist?«
Valentin: »Hörns doch auf mit der ewigen Fragerei, Sie
haben mich doch die vorige Woch' scho amal g'fragt.«

Karl Valentin

Sichtlich unter starkem Zeitdruck versuchte F.M. sein persönliches Zeitmanagement zu optimieren, indem er sein akutes Hungergefühl bei McDonald's über das dort angebotene Fast-food zu verringern sich vornahm. Fast-food aber, das weiß man ja inzwischen, hat seinen Preis – nicht nur seinen spezifisch materiellen: Da die Hungeranfälle in unserer Gesellschaft nicht gleichmäßig über den Tag verteilt sind und eher gehäuft gegen Mittag auftreten, steigt der Preis des Big-Macs in dieser Zeit durch jene Zeit, die man in der Warteschlange am Bestelltresen zubringen muß. Nach dem postmodernen Prinzip: »Wart' mal schnell« stellte sich F.M. tugendhaft am Ende der Warteschlange an. In der Hoffnung auf ein schnelles Essen läßt es sich gut warten. »Stop and go« – nicht nur auf der Autobahn!

F.M. nutzte seinen Platz in der Reihe der Hoffnungsvollen, um seine Wahrnehmungsfähigkeiten zu erweitern. Er schaute sich um. Dabei fiel ihm eine Wanduhr auf, deren Ziffern, farblich unterschiedlich, doppelt aufgetragen waren, jedoch um jeweils eine Stunde zeitversetzt. Trotz aktivitätsentlastender Wartezeit konnte er sich diese seltsame Uhr nicht erklären. Er fragte, selbstverständlich erst, als er an der Reihe war, die Angestellte, die seine Fast-food-Bestellung aufnahm, nach dem Sinn dieses seltsamen Ziffernblattes. Die zu erwartende, aber doch überraschende Antwort kam prompt: »Ich kann Ihnen das auch nicht erklären, ich arbeite nämlich erst seit drei Stunden in dieser Firma.«

Zeit zum Gehen

»Eine abschiedliche Trödelei«

>Ich mache alles mit den Beinen,
Lachen oder Weinen,
alles mit den Beinen!«
Curt Bois

»Es ist gut, Dinge zu sammeln«, so Anatole France, »aber es ist besser spazierenzugehen.« Nach dem Guten müssen wir zum Besseren gelangen: Zeit zum Gehen. Wenn's uns gutgehen soll, dann müssen wir gehen.

Alles hat seine Zeit: Zeit zum Kommen, Zeit zum Gehen.

Mit der doppeldeutigen Formulierung »Zeit zum Gehen« ist meist nichts anderes gemeint, als das, was man üblicherweise den Beginn des Schlusses nennt. Das Thema »Schluß« ist immer auch ernst, es geht ums Existenzielle. Und weil es so ernst ist, sollte man damit auch etwas spielen. Ich will es versuchen.

Schlüssen haftet etwas Dramatisches an. Die beiden mittelalterlichen Gelehrten Gabundus und Terentius diskutierten einstmals 14 Tage über den Vokativ von »ego«. Am Ende, so berichtet uns Umberto Eco, griffen sie zu den Waffen.

Glücklicherweise wird heute weniger lang – und dann ja auch über andere Themen – diskutiert. So etwas läßt friedlichere Abschiede zu. »Enden statt Verenden«, das wäre ein neuzeitlicheres und ökologisch fundierteres Motto für gelingende Abschlüsse.

Nun aber leben wir ja in einer Fortschrittsgesellschaft, in der das Vorwärts-Schreiten zu einem Vorwärts-Rasen geworden ist. Der Schluß ist für eine Gesellschaft, die den Fort-Schritt zum Fetisch macht, etwas Lästiges, Unangenehmes, Unbedeutendes. Als Kinogänger erlebt man es sinnlich. Die Eingänge unserer Lichtspieltheater sind pompös ausgestattet, der Ausgang erfolgt über die Hintertreppe. Altes wird nahtlos durch Neues ersetzt. Wer für einen Abschied innehält, verpaßt den Zug der Zeit. Im Zeitalter des Transrapids gibt es nur noch das permanente Unterwegssein aller. Mobilität und Flexibilität, die kategorischen Imperative der Erfolgreichen, verflüssigen das Anfangen und das Abschließen. Diese werden nicht nur flüssig, sie werden über-flüssig. Es ist die Zeit der großen »End-Ausscheidung«.

Wir haben zwar alle immerzu Termine, aber wir nehmen sie nicht wirklich ernst: »Terminare« heißt nämlich beenden, abschließen, abgrenzen. Genau dies tun wir nicht mit unseren Terminen. Indem wir einen an den anderen hängen, verlieren wir die Abschlüsse. Nichts darf mehr altern, keine Gebäude, keine Bücher, keine Menschen. Wir überholen dauernd. Vor lauter Geschäftigkeit fehlt uns die Zeit zum Abschiednehmen, zum Erinnern Können. Die Non-stop-Society macht den Schluß zum Restrisiko und läßt ihn nur dort noch zu, wo er profitabel erscheint. Grenzen erfahren und erfahrbar machen, das ist notwendig, um sich in dieser Welt zurechtzufinden und sich in ihr auch einen festen Platz zu schaffen.

Die Erfahrung des Endes ist zwingende Voraussetzung für das, was uns immer weniger gelingt, was wir aber immer mehr ersehnen: Voll-Endung nämlich. Trennungen, Abschlüsse sind unverzichtbar für Entwicklungen, denn erst als Himmel und Erde sich trennten, entstand Leben und entwickelte sich die Vielfältigkeit des Lebendigen. Ohne Trennungen beschränkt sich unser Leben auf das Überleben.

»Zeit zum Gehen« steht an dieser Stelle auf dem Programm, nicht »Zeit zum Fahren«: Die Begründung dafür findet man bei dem 1802 bis nach Sizilien gewanderten Johann Gottlieb Seume. Er schreibt: »Wer geht, sieht im Durchschnitt anthropologisch und kosmisch mehr, als wer fährt. (...) Ich halte den Gang für das Ehrenvollste und Selbständigste in dem Manne, und bin der Meinung, daß alles besser gehen würde, wenn man mehr ginge. Man kann fast überall bloß deswegen nicht recht auf die Beine kommen und auf den

Beinen bleiben, weil man zu viel fährt. Wer zuviel in dem Wagen sitzt, mit dem kann es nicht ordentlich gehen. Das Gefühl dieser Wahrheit scheint unaustilgbar zu seyn. Wenn die Maschine stecken bleibt, sagt man doch noch immer, als ob man recht sehr thätig dabei wäre: Es will nicht gehen. (...)

Wo alles zuviel fährt, geht alles sehr schlecht: man sehe sich nur um! So wie man im Wagen sitzt, hat man sich sogleich einige Grade von der ursprünglichen Humanität entfernt. Man kann niemand mehr fest und rein ins Angesicht sehen, wie man soll: man thut nothwendig zuviel, oder zu wenig. Fahren zeigt Ohnmacht, gehen Kraft. Schon deßwegen wünschte ich nur selten zu fahren, und weil ich aus dem Wagen keinem Armen so bequem und freundlich einen Groschen geben kann. Wenn ich nicht mehr zuweilen einem Armen einen Groschen geben kann, so lasse mich das Schicksal nicht länger mehr leben!«

In Knigges berühmt gewordener Schrift »Über den Umgang mit Menschen« findet man folgende Aussage, die, wie bei Knigge üblich, als Empfehlung zu verstehen ist: »Das *Fußgehn* ist gewiß die angenehmste Art zu reisen. Man genießt die Schönheiten der Natur; man kann sich unerkannt unter allerlei Leute mischen, beobachten, was man außerdem nicht erfahren würde; man ist ungebunden; kann das freundlichste Wetter und den schönsten Weg wählen; sich aufhalten, einkehren, wann und wo man will; man stärkt den Körper; wird weniger erhitzt und gerüttelt; hat Appetit, hat Schlaf, und ist, wenn Müdigkeit und Hunger der Bewirtung das Wort reden, leicht mit jeder Kost und jedem Lager zufrieden.«

*

Das Gehen – und zwar das aufrechte Gehen –, so lehrt uns die Evolutionsgeschichte –, hat entscheidend zur Vergrößerung des menschlichen Gehirns beigetragen. Wir sollten uns diese Errungenschaft, auch gegen alle grundsätzlichen Zweifel, ob es denn wirklich eine sei, erhalten und sollten sie auch pflegen. Um dies zu tun, gilt es zuallererst, sich dem weit verbreiteten Irrtum entgegenzustellen, wir würden nur einmal im Leben gehen lernen. Vielmehr ist dies eine Daueranstrengung, die ja mit dem erhebenden Gefühl verbunden ist, sich immer wieder vom Boden lösen und aufrichten zu können. Nur wer immer wieder gehen lernt, kann groß werden und auch groß bleiben.

»O! zu Fuße! zu Fuße! da ist man sein eigner Herr!« heißt es 1786 in einem Bericht des Schnepfenthaler Philanthropins. Im Gehen und durch's Gehen weitet sich unser Weltbezug nach innen und außen. Die Gehenden sind frei, da sie gleichzeitig in sich hinein- und aus sich herausgehen können. Gehen, das ist Fortbewegung, aber auch Anhalten, das ist Ruhe, aber auch Aktivität. Gehen und Gehen-lassen, nur so geht's. Ohne Gehen entgeht uns nämlich viel – vielleicht das Wichtigste. Im Tibetischen wird der Mensch als »Geher«, als einer, »der auf Wanderung geht«, bezeichnet. Was ist ein Menschenleben anderes als ein Gehen durch die Zeit? Es muß begangen, nicht befahren werden.

Also laßt uns gehen! Wohin? Dorthin, wo man nicht nachdenkt, wohin man geht! Gehen ohne Anzukommen. In das Suchen, in das Unabgeschlossene hineinfinden. Das Gehen hat sein Ziel in sich selbst, es ist der Verzicht auf vorzeigbare Zwecke.

»Gehen – innehalten – gehen: Das ist die ideale Seinsweise«, meint Handke in seiner Geschichte des Bleistifts. Wohler-gehen, das ist's. Ein solches Gehen ist die Konfrontation der zur zweiten Natur gewordenen Mentalität, Zeit immerzu gewinnen zu wollen und zu müssen. Inzwischen spüren wir es ja deutlich, solche selbst- und fremdgesetzten Imperative widersprechen jenen Zeitmaßen, die wir für das wirkliche Leben, für die Liebe und für das Denken brauchen.

In einer Zeit, in der die Schnelligkeit zum prestigebesetzten Kriterium unserer Bewegungsmöglichkeiten wurde, wird das Gehen notwendigerweise zur konfrontativen Weltanschauung. »Gehen« ist der Ausstieg aus jenem, unsere Wirtschaftsdynamik beherrschenden, Modell des »Immer und Überall«. Es ist das bewußte »Nicht immer« und »Nicht überall«. Und deshalb ist es nicht ganz grundlos und auch nicht ganz sinnlos, daß die Polizei ein besonders gründliches Auge auf die Gehenden wirft. Sie sind unberechenbar. Sie spüren den Atem der Zeit und ziehen daraus möglicherweise die richtigen Konsequenzen.

*

Gehen ist die Aneignung von Raum und Zeit, Fahren – und noch extremer Fliegen – ist deren Überwindung. Beim Gehen begegnet man sich selbst, beim Fahren und Fliegen flieht man vor sich und anderen. Wir kennen den aufrechten Gang, jedoch nicht das aufrechte Fahren und das aufrechte Fliegen – diese wären ja auch lebensgefährlich. Der eilige Geist läßt Aufrechtes und Aufrichtigkeit kaum mehr zu. Denn nur beim Gehen kann man sehen, was man sieht.

»Wo gehen wir hin?« fragt Novalis, und seine Antwort: »Immer nach Hause.« Und das heißt zu sich selbst. Wer zu sich kommen und bei sich bleiben will, muß gehen. »Ohne Spazieren«, schreibt Robert Walser, »wäre ich tot.« Nur durch das Gehen kommt man in Gang. Das wußten die großen Philosophen und Literaten wie Kant, Heidegger und Adalbert Stifter. Unvermeidlich in diesem Zusammenhang Goethes Verse:

»Ich ging im Walde so für mich hin,
Und nichts zu suchen,
Das war mein Sinn.«

Und ebenso notwendig Nietzsches Rat: »So wenig als möglich sitzen; keinem Gedanken Glauben schenken, der nicht im Freien geboren ist und bei freier Bewegung – in dem nicht auch die Muskeln ein Fest feiern. Alle Vorurteile kommen aus den Eingeweiden. Das Sitzfleisch – ich sage es noch einmal – ist die Sünde wider den heiligen Geist. Nur die ergangenen Gedanken haben Wert!«

Denn – und dies ist eine Erkenntnis von Cromwell – »der kommt am weitesten, der nicht weiß, wohin er geht.«

Insofern ist Gehen ein poetisches Handeln, das als zivilisatorische Großtat zu gelten hat. Der »Gehsteig« jedoch ist deren Dementi, und der »Walkman« die unbeabsichtigte Persiflage auf diese Errungenschaft.

Zielorientiertes Gehen gab es immer schon. Das »ambulare pro Deo«, das Gehen für Gott, die Pilgerreise und das militärische Gehen, das Marschieren, sind die bekanntesten Formen. Heute werden sie vom Autowandern quantitativ überholt. Damit keine Zweifel aufkommen, – »Zeit zum Gehen«, das ist keine Aufforderung an alle jene, denen es behagt, nach einigen Kilometern Autofahrt in eine Seitenstraße einzubiegen, um dann den vom Arzt dringend anempfohlenen dreißigminütigen Gang mit elektronischem Schrittzähler zwecks Reduktion des diagnostizierten Bluthochdruckes zu absolvieren. »Zeit zum Gehen« ist auch nicht als werbende Unterstützung jener leichtathletischen Wettkampfübung gemeint, bei der es nach 20 oder 50 Kilometern hektischer und mechanisch-skurriler Fortbewegung irgendwelche Medaillen zu gewinnen gibt. Das alles gehört vielmehr in die Rubrik: demonstrativer Fortbewegungseifer.

Das allen Bevölkerungsgruppen inzwischen zum Selbstzwang gewordene Leistungsprinzip der neueren Neuzeit hat das Gehen mit anstrengender und möglichst rascher Zielerreichung verknüpft. Heute gehen wir zur Arbeit: mit dem Auto, wir gehen zum Einkaufen in die Stadt: mit der U-Bahn, wir gehen ins Gebirge: mit der Seilbahn und der Absicht, vor den unzähligen Nachdrängenden den Berggipfel möglichst rasch zu erklimmen. Nicht der selbsterhöhende unruhige Blick *von* oben auf all jene, die unten sind, ist die befreiende Wahrnehmungsperspektive der Gehenden und auch nicht der autoritätshörige Blick *nach* oben, wie der von Wagner zu Faust: »Mit Euch, Herr Doktor, zu spazieren, ist ehrenvoll und ist Gewinn.« Vielmehr ist dies der Blick auf sich, in sich und zu sich. Die Gehenden sind die Subjekte ihrer Umgebung und nicht deren Bezwinger. Gehen meint auch nicht die verbreitete Form des gemeinsamen Ausgangs eheerprobter Paare, für die die ungeschriebene Anstandsregel gilt: »Er links vorneweg, sie schräg hinterher.«

*

Ganz anders Handke, der gehend die Welt sieht, fühlt, wahrnimmt und sich so für sie öffnet: »An den Orten, zu denen ich gefahren wurde, bin ich nie gewesen. Nur im Gehen öffnen sich die Räume und tanzen die Zwischenräume! Nur im Gehen drehe ich mich mit den Äpfeln im Baum. Nur dem Gehenden wächst ein Haupt auf den Schultern. Nur der Gehende erfährt die Ballen an seinen Füßen. Nur der Geher spürt einen Zug durch den Körper. Nur der Geher erfaßt den hohen Baum im Ohr – die Stille! Nur der Geher holt sich ein und kommt zu sich. Nur was der Geher denkt, gilt.«

Über die allmähliche Verfestigung der Gedanken beim Gehen schreibt Thomas Bernhard: »Gehen und Denken sind zwei durchaus gleiche Begriffe, und wir können ohne weiteres sagen, daß der, welcher vorzüglich geht, auch vorzüglich denkt.«

Und auch Adorno hat sich zum Gehen geäußert. Er belehrt uns in seiner bekannt anstrengenden Art: »Die Gewohnheit des Leibes ans Gehen als das Normale stammt aus der guten alten Zeit. Es war die bürgerliche Weise, von der Stelle zu kommen: physische Entmythologisierung, frei vom Bann des hierarchischen Schreitens, der obdachlosen Wanderschaft, der atemlosen Flucht.

Menschenwürde bestand auf dem Recht zum Gang, einem Rhythmus, der nicht dem Leib von Befehl oder Schrecken abgerungen wird.«

Der Geist geht zu Fuß. Die Welt wurde ergangen. So paradox es klingt, Erfahrungen werden nicht erfahren, sie werden ergangen, ersegelt und – wie aus der Geschichte bekannt – auch erritten. Erfahrungen macht man durch »Ergehungen«.

Die Fremde, das Fremde wird nur durch Langsamkeit angeeignet, indem man es ergeht, nicht durch Schnelligkeit – durch diese erfährt man nichts, man durchfährt das Unbekannte nur. Zu Fuß gehen, das heißt, Eigenzeit in Anspruch nehmen. Dies bedeutet, einen eigenen Rhythmus finden und diesen praktisch werden lassen. In unserer Zeit heißt dies, sich Respekt für die zeitliche Eigengesetzlichkeit ertrotzen.

Gehen, diese archaische Bewegungsform, eignet sich ganz besonders für den Schluß, das Ende von Ereignissen. Im Gehen ist man offen für vielfältige Impulse, offen für Assoziationen, Gedankenkombinationen, Ideenflucht und Ideensog, offen auch für das Vergessen, für das Vorübergehende. Nach der Anstrengung ist die Zeit des Ziellosen gekommen, des körperlichen und des geistigen Spazierengehens. Den demonstrativen Arbeitseifer löst das leicht melancholische Gehen und Gehen-lassen ab. Dies ist ein Hinbewegen auf den Zustand der Ruhe, der sich von der letzten Ruhe grundsätzlich dadurch unterscheidet, daß er einen guten neuen Anfang erlaubt.

»Wem Abschied auf der Stirne steht geschrieben,
er läßt sich selbst ja nur als Wandrer lieben.«

liest man bei Christian Morgenstern.

Jetzt wissen Sie, worum es geht. Gehen Sie – dann geht's Ihnen gut – und ich kann gehn!

Der Spaziergang

Ihr Wälder schön an der Seite,
Am grünen Abhang gemalt,
Wo ich umher mich leite,
Durch süße Ruhe bezahlt
Für jeden Stachel im Herzen,
Wenn dunkel mir ist der Sinn,
Den Kunst und Sinnen hat Schmerzen
Gekostet von Anbeginn.
Ihr lieblichen Bilder im Tale,
Zum Beispiel Gärten und Baum,
Und dann der Steg, der schmale,
Der Bach zu sehen kaum,
Wie schön aus heiterer Ferne
Glänzt einem das herrliche Bild
Der Landschaft, die ich gerne
Besuch in Witterung mild.
Die Gottheit freundlich geleitet
Uns erstlich mit Blau,
Hernach mit Wolken bereitet,
Gebildet wölbig und grau,
Mit sengenden Blitzen und Rollen
Des Donners, mit Reiz des Gefilds,
Mit Schönheit, die gequollen
Vom Quell ursprünglichen Bilds.

Hölderlin

Ihr Zeiten und Menschen,
lebt wohl!

Ein Liebhaber der langen Weile

Literatur

Adorno, T.W. (1970): Minima Moralia. Frankfurt a.M.

Anthus, A. (1852): Vorlesungen über Esskunst. Leipzig.

Bachmann, I. (1978): Auszug aus: Lieder von einer Insel, aus: dies., Werke Bd. 1. © Piper Verlag GmbH, München 1978.

Bartock, W. (1966): Aus der Welt der Arbeit. Almanach der Gruppe 61, hrsg. v. F. Huser und Max von der Grün. Neuwied/Berlin.

Baudrillard, J. (1985): Die fatalen Strategien. München.

Benjamin, W. (1982): Passagen-Werk. Frankfurt, 2. Auflage.

Bernhard, Th. (1971): Gehen. Frankfurt a.M.

Bloch, E. (1969): Spuren. Frankfurt a.M.

Blumenberg, H. (1973): Der Prozeß der theoretischen Neugierde. Frankfurt a.M.

Borges, J.L. (1981): Essays. München.

Brillat-Sevarin, A. (1865): Physiologie des Geschmacks oder Physiologische Anleitung zum Studium der Tafelgenüsse. Braunschweig.

Büchner, G. (1992): Leonce und Lena. Lustspiel. Stuttgart.

Casanova, Giacomo (o.J.): Geschichte meines Lebens, Frankfurt a.M. Bd. 3.

Cioran, E.M. (1934/1989): Auf den Gipfeln der Verzweiflung. Frankfurt a.M.

Dante, A. (o.J.): Göttliche Komödie. Zürich.

Diderot, D. (1992): Gründe, meinem alten Hausrock nachzutrauern. Übersetzt von H.M. Enzensberger. Berlin.

Eichendorff, J.v. (1870): Aus dem Leben eines Taugenichts. Stuttgart.

Fried, E. (1988): Du liebe Zeit. In: ders., Unverwundenes. Verlag Klaus Wagenbach. Berlin 1988. NA 1995.

Fröbel (1844): Mutter- und Koselieder. o.O.

Fröhlich, G. (1883): Die wissenschaftliche Pädagogik in ihren Grundlehren gemeinverständlich dargestellt und durch Beispiele erläutert. Wien/Leipzig.

Gadamer, H.G. (1972): Über leere und erfüllte Zeit. In: Kleine Schriften Band III. Tübingen.

Geißler, Kh.A. (1993): Zeit leben. Weinheim, 5. Auflage.

Geißler, Kh.A. (1994): Schlußsituationen. Die Suche nach dem guten Ende. Weinheim, 2. Auflage.

Geißler, Kh.A. (1994): Anfangssituationen. Weinheim.

Handke, P. (1986): Die Wiederholung. Frankfurt a.M.

Handke, P. (1987): Die Abwesenheit. Frankfurt a.M.

Handke, P. (1987): Gedicht an die Dauer. Frankfurt.

Held, M./Geißler, Kh.A (Hg.) (1993): Ökologie der Zeit. Stuttgart.

Hesse, H. (1904/1973): Die Kunst des Müßiggangs. Frankfurt.

Hölderlin, F. (1970): Sämtliche Werke. Bad Homburg.

Horkheimer, M. (1974): Notizen 1950 bis 1969 und Dämmerung. Frankfurt a.M.

Horkheimer, M/Adorno, T.W. (1969): Dialektik der Aufklärung. Frankfurt a.M.

Jandl, E. (1997): poetische Werke, hrsg. V. Klaus Siblewski, Band 3 (sprechblasen & verstreute gedichte), S. 128, 75. © 1997 Luchterhand Literaturverlag GmbH, München.

Juarroz, R. (1995): Dreizehnte Vertikale Poesie (52) aus dem Spanischen übertragen von T. Burghardt. In: Frankfurter Allgemeine Zeitung v. 15.08.1995.

Kästner, E.: Lärm im Spiegel. © Atrium Verlag, Zürich und Thomas Kästner.

Kafka, F. (1976): Gesammelte Schriften. Frankfurt, Band 6.

Kafka, F. (1983): Hochzeitsvorbereitungen auf dem Lande und andere Prosa aus dem Nachlaß. Frankfurt a.M.

Kant, J. (1963): Ausgewählte Schriften zur Pädagogik und ihrer Begründung (hrsg. v. H.H. Groothoff). Paderborn.

Kautsky, K. (1890): Der Alkoholismus und seine Bekämpfung. In: Die Neue Zeit. 1890/91.

Kierkegaard, S. (1980): Die Wiederholung. Gütersloh.

Knigge, Adolph, Freiherr von (1984): Über den Umgang mit Menschen. Frankfurt a.M.

Koehne, K. (1920): Studien zur Geschichte des blauen Montags. Zeitschrift für Sozialwissenschaft. NF, Jg. XI.

Koselleck, R. (1977): Neuzeit. Zur Semantik moderner Bewegungsbegriffe. In: Studien zum Beginn der modernen Welt. Stuttgart.

Kosig, K. (1993): Die Krise der Gegenwart. In: Lettre international.

Kostelanetz, R. (1989): John Cage im Gespräch: Zu Musik, Kunst und geistigen Fragen unserer Zeit. Köln.

Krebs, G. (1973): Pausen. In: Meißner/Zöpfel (Hrsg.),: Handbuch der Unterrichtspraxis. München.

Krebs, W. (1933): Alte Handwerksbräuche. Basel.

Krüger-Lorenzen (1984): Deutsche Redensarten – und was dahinter steckt. München.

Kümmerer, Klaus (1994): Systemare Betrachtung in der Ökotoxikologie. In: Zeitschrift für Umweltchemie und Ökotoxikologie 6 (1).

Lafargue, P. (1883/1966): Das Recht auf Faulheit (hrsg. v. I. Fetscher). Frankfurt/Wien.

Le Goff, J. (1984): Für ein anderes Mittelalter. Zeit, Arbeit und Kultur im Europa des 5.–15. Jahrhunderts. Frankfurt.

Le Roy Ladurie, E. (1977): Die Geschichte von Sonnenschein und Regenwetter. In: Bloch, M. u.a.: Schrift und Materie der Geschichte. Frankfurt a.M.

Lüdtke, A. (1980): Arbeitsbeginn, Arbeitspausen, Arbeitsende. In: Huck, G. (Hg.): Sozialgeschichte der Freizeit. Wuppertal.

Luhmann, N. (1968): Die Knappheit der Zeit und die Vordringlichkeit des Befristeten. In: Die Verwaltung, Heft 1/1968.

Luhmann, N. (1994): Liebe als Passion. Frankfurt a.M.

Manganelli, G. (1985): Manganelli furioso. Berlin.

Mann, Th. (1957): Die Buddenbrooks. Berlin/Frankfurt.

Mann, Th. (1981): Der Zauberberg. Frankfurt a.M.

Mann, Th. (1990): Lob der Vergänglichkeit. In: Mann, Th.: Reden und Aufsätze. Frankfurt a.M., Bd II.

Marx, K./Engels, F. (1846/1981): Die deutsche Ideologie. MEW. Berlin, Bd. 3.

Mitter, W./von Kopp, B. (Hg.) (1994): Die Zeitdimension in der Schule als Gegenstand des Bildungsvergleichs. Köln/Weimar/Wien.

Morgenstern, Ch. (1979): Galgenlieder. München.

Moses, S. (1990): Italo Calvino. Die Kunst, nicht zu enden. In: Söring, J. (Hg.): Die Kunst zu enden. Frankfurt a.M.

Musil, R. (1982): Die Schwärmer. Reinbek

Nadolny, S. (1987): Die Entdeckung der Langsamkeit. München.

Nietzsche, F. (1969): Aus dem Nachlaß der Achtzigerjahre. Werke (hrsg. v. K. Schlechta). München, Band III.

Nietzsche, F. (1960): Ecce Homo. In: Werke in drei Bänden (hrsg. v. K. Schlechta). München, Band II.

Nietzsche, F. (1988): Über die Zukunft unserer Bildungsanstalten. Vorrede. In: Sämtliche Werke – kritische Studienausgabe (hrsg. v. Colli, G. und Montinari). München.

Nietzsche, F. (1988): Menschliches, Allzumenschliches, (hrsg. v. Colli, G. und Montinari) München, Bd. I.

Ortega y Gasset, J. (1960): Triumph des Augenblicks. Glanz und Dauer. Auswahl aus seinem Werk. Stuttgart.

Pessoa, F. (1992): Das Buch der Unruhe. Frankfurt a.M.

Picht, G. (1979): Zum Begriff des Maßes. In: Eisenbarth, C. (Hg.): Humanökologie und Frieden. Stuttgart.

Picht, G. (1981): Hier und Jetzt. Stuttgart.

Proust, M. (1979): Auf der Suche nach der verlorenen Zeit. Frankfurt a.M., Bd. 1.

Remann, M. (1989): Glückspilze. In: Kursbuch 95. Berlin.

Rhoden, E. v. (1885): Der Trotzkopf. 1 o.O. Auflage.

Ritter, J. (Hg.) (1972): Historisches Wörterbuch der Philosophie. Basel/Stuttgart Bd. 2.

Roth, E. (1995): So ist das Leben, Verse und Prosa. München.

Scheerbart, P. (1902): Immer mutig! Ein phantastischer Nilpferdroman mit 83 merkwürdigen Geschichten. O.O.

Schiller, F. (1966): Über die ästhetische Erziehung des Menschen in einer Reihe von Briefen. München.

Schlegel, F. (1963): Lucinde. Stuttgart.

Schneider, M. (1995): In: Schneider, M./Geißler, Kh. A./Held, M. (Hg.): Zeitfraß. Sonderheft Nr. 8 der Zeitschrift »Politische Ökologie«. München.

Serres, M. (1993): Die fünf Sinne. Frankfurt a.M.

Simmel, G. (1989): Philosophie des Geldes. Gesamtausgabe. Frankfurt a.M., Bd. 6.

Singer, H.F. (1917): Der blaue Montag. Eine kulturgeschichtliche und soziale Studie. Mainz.

Sloterdijk, P. (1988): Zur Welt kommen – zur Sprache kommen. Frankfurter Vorlesungen. Frankfurt a.M.

Sperling, H.J. (1983): Pause als soziale Arbeitszeit. Berlin.

Starobinski, J. (1987): Die Tages-Ordnung. In: Herzog, R./ Koselleck, R. (Hg.): Epochenschwelle und Epochenbewußtsein. München.

Svevo, I. (1986): Autobiographisches Profil. Reinbek.

Thompson, E.P. (1973): Zeit, Arbeitsdisziplin und Industriekapitalismus. In: Braun, R. u.a. (Hg.): Gesellschaft in der industriellen Revolution. Köln.

Tuan, Yi-Fu (1977): Space and Place: The Perspective of Experience. Minneapolis.

Tucholsky, K. (1960): Gesammelte Werke. Reinbek.

Virilio, P. (1991): In: Virilio, P./Daghini, G.: Dromologie: Logik der Rennbahn. In: Lettre international.

Wagner, Chr. (1994): Alles, was Gott erlaubt hat. Wien.

Walser, R. (1985): Träumen. Zürich.

Wilde, O. (1981): Der Sozialismus und die Seele des Menschen. In: Fortnightly Review.

Wörterbuch der deutschen Gegenwartssprache (1975), Berlin, Bd. 4.

Zundel, R. (1989): Der schwere Abschied – Vom Leid der Politiker nach dem Entzug von Macht, Öffentlichkeit, Apparat und Wirkungsmöglichkeiten. In: Die Zeit, Nr. 15 vom 7. April 1989.

Rechtsnachweis

Und nicht vergessen: Zeit braucht liebe Menschen.

Astrid und Frank Orthey, Johanna Berchtold, Thomas Hasenbank, Maria Eckl und Bernd Weidenmann haben mich das erfahren lassen.
Barbara Adam, Martin Held, Klaus Kümmerer und Manuel Schneider haben mich daran immer wieder erinnert,
und die »Strobler« haben bewiesen, daß Zeit liebe Menschen und dazu auch noch schöne Orte braucht.

Allen danke ich.
Und außerdem noch zwei Verlegern: Ch. Rotta, der einige Vorstudien zu diesen Essays in der von ihm herausgegebenen Zeitschrift »Universitas« veröffentlichte, und M. Beltz-Rübelmann, der mich in steter und origineller Art und Weise immer wieder daran erinnerte, endlich dieses Buch zu schreiben.

Zeit zum Leben

Karlheinz A. Geißler
Alles. Gleichzeitig. Und zwar sofort
Unsere Suche nach dem pausenlosen Glück
Band 5842
Europas bekanntester Zeitforscher macht klar: Es gibt ein Leben jenseits
des Beschleunigungszwangs.

Karlheinz A. Geißler
Vom Tempo der Welt – und wie man es überlebt
Band 5407
Europas bekanntester Zeitforscher fragt: Wie können wir ein
menschliches Zeitmaß bewahren oder neu entwickeln?

Karlheinz A. Geißler
Wart' mal schnell
Wie wir der Zeit ein Schnippchen schlagen
Band 5696
Wer hat schon Zeit in unserer Zeit? Geißlers Rat: Vergessen Sie doch
einfach eine Weile die Zeit – indem Sie sich mit ihr beschäftigen.

Mathias Binswanger
Die Tretmühlen des Glücks
Wir haben immer mehr und werden nicht glücklicher.
Was können wir tun?
Band 5809
Wie entgehen wir den Tretmühlen der Glücksverheißung:
mehr Einkommen, Status, immer noch mehr Zeitersparnis.

Manfred Folkers
Gib deiner Zeit mehr Leben
Entschleunigung als Weg zum Glück
Band 5615 '
Durch Entschleunigung zu neuer Lebensqualität. Mit einfachen
Übungen und Fantasiereisen den eigenen Körper erwandern.

HERDER spektrum

Gedichte für unterwegs
Hg. von Wolfgang Herles
Band 7075

Entspannungslektüre für Reisende. Die Begleiter für unterwegs sind Heine, Kästner, Gernhardt, Brecht, Rilke und viele andere.

Anselm Grün
Im Zeitmaß der Mönche
Vom Umgang mit einem wertvollen Gut
Band 5426

Mönche leben ihren Tag „qualitativ" – im strukturierten Ablauf, voll von spiritueller Bedeutung. Arbeit und Kontemplation sind in eine gute Balance gebracht.

Anselm Grün
Quellen innerer Kraft
Erschöpfung vermeiden – Positive Energien nutzen
Band 5939

Ausgelaugt, ausgebrannt, innerlich leer – für viele ein Dauerzustand unter dem Druck des Alltags. Aber: Quellen der Kraft gibt es in jedem Leben!

Anselm Grün
Vergiss das Beste nicht
Inspiration für jeden Tag
Band 5907

Wer, wenn nicht Anselm Grün, wüsste am besten, was der Seele gut tut und was unser Herz braucht, um innere Ruhe und Frieden zu finden. 365 Anregungen für das ganze Jahr – ein inspirierender Alltagsbegleiter eines bedeutenden spirituellen Meisters.

Peter Heintel
Innehalten
Gegen die Beschleunigung – für eine andere Zeitkultur
Band 5908

Unter Hetze und Stress mehren sich Fehler und, noch schlimmer, sie machen uns krank. Peter Heintel plädiert für ein Innehalten und gibt konkrete Anregungen, wie wir wieder Herr unserer selbst werden.

HERDER spektrum

Daniel Hell
Die Sprache der Seele verstehen
Die Wüstenväter als Therapeuten
Band 5910

Die eigene innere Wahrheit finden und so Gott näher kommen:
Das war der Weg der Wüstenväter. Dieses Wissen um die Kunst eines
Lebens in Gelassenheit ist auch gegenwärtig noch aktuell.

Tania Konnerth
Kleine Oasen der Ruhe genießen
Atempausen für den Alltag
Band 7063

Tief durchatmen, sich räkeln, den Himmel betrachten:
Sie sind unverzichtbar, diese kleinen Ruheinseln.

Anthony de Mello
Gib deiner Seele Zeit
Inspirationen für jeden Tag
Band 5916

Diese Sammlung kurzer, inspirierender Texte zeigt die ganze spirituelle
Meisterschaft de Mellos, das eigene Selbst neu zu entdecken und zu
stärken.

Tillmann Prüfer
Wie man den Alltag überlebt, ohne dabei verrückt zu werden
Band 5833

Intelligente Lebensmittel, Eltern, die ihre Kinder „Supermann" nennen –
die Welt wird immer verrückter. Und es gibt einen, der all das für Sie
aufschreibt.

Eckhard Schiffer
Reise zur Gelassenheit
Den sicheren Ort in sich entdecken
Band 5781

Der bekannte Arzt und Psychologe zeigt, dass wir alle gelassen werden
können, auch wenn die Gefühle heftig sind. Ein Buch, das schon beim
Lesen Gelassenheit schenkt.

HERDER spektrum

Pierre Stutz
Atempausen für die Seele
Band 7023

Stark sein, mit dem eigenen Rhythmus leben und ein gesundes Zeitmaß finden – dazu inspirieren diese Impulse für die Seele.

Pierre Stutz
Zeit des Wachsens, Zeit des Reifens
Leben im Rhythmus der Jahreszeiten
Band 5869

Wenn wir Körper und Seele Zeiten der Aktivität und der Ruhe geben, begegnen wir Herausforderungen in Arbeit und Beziehungen kraftvoller und ausgeglichener.

Irmtraud Tarr
Loslassen – die Kunst, die vieles leichter macht
Band 5921

Wer wollte dies nicht, gelassener werden und die Leichtigkeit des Seins entdecken? Dieses Buch versammelt Anregungen, Hinweise und manch überraschende Einsicht in die hohe Kunst, sich das Leben zu erleichtern.

Thich Nhat Hanh
Lächle deinem eigenen Herzen zu
Wege zu einem achtsamen Leben
Band 4883

Die einfache, tiefe Botschaft an Menschen, die in der Hektik des Alltags beim Gehen schon ans Rennen denkt.

Thich Nhat Hanh
Zeiten der Achtsamkeit
Band 5922

Einer der bedeutendsten Meditationsmeister unserer Zeit sieht in der Achtsamkeit den Weg zur Veränderung und zeigt, wie sich dieser Weg im Alltag am besten begehen lässt.

HERDER spektrum